高等学校人力资源管理实践教学系列教材

招聘与甄选实训教程

郭如平　蒋定福　主　编

田　辉　王小艳　李丽萍　副主编

清华大学出版社

北　京

内 容 简 介

《招聘与甄选实训教程》以基于仿真模拟的招聘与甄选实训教学体系为基本框架，以基于仿真模拟的招聘与甄选实训教学平台为依托，系统讲解招聘与甄选的实务操作。本书对招聘与甄选的前期工作、招聘计划、人员招募、人员甄选、人员录用及招聘评估等模块的知识要点进行梳理，并重点结合基于仿真模拟的招聘与甄选实训教学平台对各招聘模块进行针对性的实训操作。在此基础上，本书还以具体的案例为背景，以企业人员招聘与甄选的总流程为导引，借鉴人力资源管理沙盘模拟的设计理念与经营原则，对招聘与甄选活动进行综合训练。

本书对招聘与甄选的实践教学进行全面系统的介绍，结构清晰，内容实用，图文并茂，兼具操作性与趣味性的特点。本书适合作为应用型高等院校及高职高专等院校人力资源管理专业学生的教材和教学参考书，也可作为自学参考书及相关培训教材。

本书封面贴有清华大学出版社防伪标签，无标签者不得销售。
版权所有，侵权必究。举报：010-62782989，beiqinquan@tup.tsinghua.edu.cn。

图书在版编目(CIP)数据

招聘与甄选实训教程 / 郭如平，蒋定福 主编. —北京：清华大学出版社，2020.9（2024.8重印）
高等学校人力资源管理实践教学系列教材
ISBN 978-7-302-55737-1

Ⅰ.①招… Ⅱ.①郭… ②蒋… Ⅲ.①人才—招聘—高等学校—教材 Ⅳ.①C913.2

中国版本图书馆 CIP 数据核字(2020)第 104794 号

责任编辑：刘金喜
封面设计：周晓亮
版式设计：孔祥峰
责任校对：马遥遥
责任印制：沈 露

出版发行：清华大学出版社
网　　址：https://www.tup.com.cn，https://www.wqxuetang.com
地　　址：北京清华大学学研大厦A座　　邮　编：100084
社 总 机：010-83470000　　邮　购：010-62786544
投稿与读者服务：010-62776969，c-service@tup.tsinghua.edu.cn
质 量 反 馈：010-62772015，zhiliang@tup.tsinghua.edu.cn

印 装 者：三河市人民印务有限公司
经　　销：全国新华书店
开　　本：185mm×260mm　　印　张：13　　字　数：266千字
版　　次：2020年9月第1版　　印　次：2024年8月第2次印刷
定　　价：48.00元

产品编号：084680-01

◆ 编 委 会

主任：

杨河清　首都经贸大学教授

副主任：

刘　昕　中国人民大学教授
蒋定福　浙江精创教育科技有限公司总经理

委员(按拼音排序)：

陈　野	郭如平	郝　丽	何岩枫	江永众	焦永纪
孔　冬	兰　兰	李　丹	李海波	李丽萍	陆怡君
彭十一	史　洁	孙　华	田　辉	田凤娟	王小艳
吴歧林	夏　徽	叶晟婷	张晶晶	张永生	赵　爽
赵　瑜	赵欢君	周文彬			

丛书序

人力资源管理课程作为我国高校经济管理类本科教学中普遍开设的核心专业课之一，在教学中占有重要地位，具有很强的实践性和应用性。但是我国高校开设人力资源管理专业较晚，而且在教学等方面存在一些问题。因此，如何建设人力资源管理专业、提高人力资源管理专业实践教学质量、促进人才培养是各高校需要关注的焦点。

随着中国经济调整结构、转型发展，如何深化产教融合，促进教育链、人才链与产业链、创新链有机衔接成为当前的重要课题。《国务院办公厅关于深化产教融合的若干意见》(国办发〔2017〕95号)等文件指出要进一步深化产教融合、产学合作，汇聚企业资源支持高校创新创业教育，促进高校人才培养与企业发展的合作共赢。2019年4月，教育部发布《实施一流本科专业建设"双万计划"的通知》，决定全面实施"六卓越一拔尖"计划2.0，启动一流本科专业建设"双万计划"，计划在2019—2021年建设1万个左右国家级一流本科专业点和1万个左右省级一流本科专业点。

在此背景下，由国内领先的商科实践教学提供商浙江精创教育科技有限公司组织全国高校人力资源教师，编写了全国首套人力资源实践教学系列教材。该系列教材围绕人力资源管理实践、实训教学这一条主线，以"理论+实务/技术/工具+实训系统+实训案例"的展现形式，构建了一套全新、实用、符合新时代特征的高等学校人力资源管理实践教学体系。希望该系列教材能提升高校人力资源管理专业实践教学质量，促进高校人才培养。

该系列教材以实训内容为主，涵盖人力资源管理六大模块内容，包括工作分析、人力资源规划、招聘与甄选、培训与开发、绩效管理、薪酬管理。无论是知识的广度还是深度上，力求实现专业知识理论和实务设计相结合，体现人力资源管理专业的应用性及实用性，可以满足各类本科院校、职业院校经管类专业相关课程设置的需要。系列教材图书书目及相对应的教学平台如下表所示。

序号	人力资源管理实践教学系列教材	对应教学平台
1	人力资源规划实训教程	人力资源规划专业技能实训系统
2	工作分析实训教程	工作分析专业技能实训系统
3	招聘与甄选实训教程	招聘与甄选专业技能实训系统
4	绩效管理实训教程	绩效管理专业技能实训系统
5	薪酬管理实训教程	薪酬管理专业技能实训系统
6	培训与开发实训教程	培训与开发专业技能实训系统
7	人力资源管理综合实训教程	人力资源管理智能仿真与竞赛对抗平台
8	人力资源管理沙盘模拟实训教程	人力资源管理沙盘模拟系统

该系列教材具有以下 4 点特色。

(1) 内容全面,为人力资源课程教学提供全面服务。

该系列实训教材涉及人力资源管理专业课程各方面的内容,有人力资源规划、工作分析、薪酬管理、培训与开发、招聘与甄选等内容,有助于学生夯实基础,进行更深层次的学习,无论是本专业学习者还是从事本行业的人员,都能从书中获得启发。

(2) 框架简明易懂,在内容编排上,以实战训练内容为主线。

该系列教材紧密结合学科的教学特点,由浅入深地安排章节内容,每一章分基础知识和实战训练两部分内容。基础知识有助于学生掌握本章知识点;实战训练的目的是提高学生的学习兴趣,并帮助学生及时巩固所学知识。

(3) 教材内容与教学软件相结合,便于授课与理解。

该系列教材实战训练内容有专业的教学软件,教师授课可使用相关软件,实时指导学生,不仅便于教师授课,同时也便于学生理解,减轻教师的授课压力。学生也可以根据教师的教学目标进行自我训练,快速掌握相关知识。

(4) 设计以学生发展为目标的教学过程。

该系列实训教材在编排过程中减少了理论知识的灌输,把学生的发展作为最终目标。每本教材都设立一个贴近现实的案例,让学生在较为真实的情景下学习、思考,以便更快掌握人力资源管理在实际中的操作方法。

为了方便教学,该系列教材提供专业软件学习,包括 PPT 课件、案例、解析、学习资料等内容,若读者在使用该系列教材的过程中遇到疑惑或困难,可发邮件至 476371891@qq.com。

前 言

企业的竞争说到底是人才的竞争，能否招聘并甄选出合适的人才是一个企业兴衰成败的关键。员工的招聘与甄选在企业人力资源管理与开发中是一项重要的基础性工作，对企业人力资源的合理形成、管理与开发具有至关重要的作用。掌握企业人员招聘与甄选的基本理论，获得并不断提升有关招聘与甄选的方法与技能是人力资源管理专业学生必须具备的职业素养。基于此，招聘与甄选是人力资源管理专业的核心课程，也是一门实践性和应用性很强的课程，招聘与甄选课程的实践教学越来越受到重视。然而，如何更好地开展实践教学，一直是招聘与甄选课程教学中需要不断探索与解决的问题。

本书正是对招聘与甄选实践教学改革与创新的成果。本书构建了基于仿真模拟的招聘与甄选实训课程教学体系，以该教学体系为指导，以基于仿真模拟的招聘与甄选实训教学软件为依托，将企业人员招聘与甄选的全过程从前期工作、招聘计划、人员招募、人员甄选、人员录用及招聘评估等分模块进行知识梳理与实训操作，以加深学生对相关理论与知识的理解，同时能够正确、有效地开展企业人员招聘与甄选的相关工作。在此基础上以具体的案例为背景，引入人力资源管理沙盘模拟的设计理念与经营原则，将各模块串联起来对企业的招聘与甄选活动进行系统、连贯的综合训练，以使学生完整地认识与掌握企业人员招聘与甄选活动。同时，通过综合实训培养学生的沟通能力、协作能力、时间管理能力，以及敏锐的市场意识与全局观。

本书共分为 8 章，各章内容如下。

第 1 章分析了当前招聘与甄选实训课程教学中存在的主要问题，构建了基于仿真模拟的招聘与甄选实训教学体系，全面介绍了基于仿真模拟的招聘与甄选实训教学平台。

第 2 章对招聘的前期工作的知识要点进行简要梳理，重点对人力资源需求预测、工作说明书编制、岗位胜任力模型构建进行实务操作说明。

第 3 章对招聘计划的知识要点进行简要梳理，重点对招聘需求与信息确认、招聘流程安排与招聘费用预算进行实务操作说明。

第 4 章对人员招募的知识要点进行简要梳理，重点对招聘广告的编制、内部招聘与外部招聘的选择与实施进行实务操作说明。

第 5 章对人员甄选的知识要点进行简要梳理，重点对简历筛选、笔试、面试、评价中心等主要方法进行实务操作说明。

第 6 章对人员录用的知识要点进行简要梳理，重点对人员录用中的背景调查、录用通知撰写、入职手续办理及入职培训的实务操作进行说明。

第 7 章对招聘评估的知识要点进行简要梳理，重点对招聘渠道评估、招聘数量评估、招聘质量评估的实务操作进行说明。

第 8 章重点是对招聘与甄选综合实训进行详细说明。

本书由郭如平、蒋定福任主编，田辉、王小艳、李丽萍任副主编。各老师分工如下：第 1 章、第 8 章由嘉兴学院郭如平编写，第 2 章由吐鲁番职业技术学院田凤娟编写，第 3 章、第 4 章由桂林电子科技大学信息科技学院王小艳编写，第 5 章由四川大学锦江学院李丽萍编写，第 6 章、第 7 章由贵州中医药大学人文与管理学院田辉编写。本书由嘉兴学院蒋定福负责全书框架设计、编著、审核及统稿工作，郭如平负责文稿的编著、修改和排版工作。

在本书的编写过程中，杨燕、金雯婷等人帮助查询资料、校对稿件，分担了大量的基础工作。同时，也得到了清华大学出版社编校人员的大力支持，在此深表感谢！在编写过程中，本书编者参考和借鉴了国内外专家、学者、企业家和研究机构的著作、期刊及相关网站资料，在此对他们表示诚挚的谢意！

为便于教学，本书提供学习软件、PPT 课件、案例、解析等教学资源，读者可通过扫描下方二维码获取。

教学资源下载

由于时间仓促，加之编者水平有限，书中不足之处在所难免，敬请各位专家、同行、读者提出宝贵意见，以便不断修正和完善。

服务邮箱：476371891@qq.com。

编者

2019 年 6 月

目 录

第1章 导论 ……………………………… 1
1.1 招聘与甄选实训课程教学中存在的问题 ……………………………… 1
1.2 基于仿真模拟的招聘与甄选实训课程教学体系构建 …………… 2
  1.2.1 基于仿真模拟的招聘与甄选实训课程教学体系构建的指导思想 …… 3
  1.2.2 基于仿真模拟的招聘与甄选实训课程教学体系构建的目标定位 …… 3
  1.2.3 基于仿真模拟的招聘与甄选实训课程教学体系的内容构成 ………… 4
1.3 基于仿真模拟的招聘与甄选专业技能实训系统概述 …………… 6
  1.3.1 基于仿真模拟的招聘与甄选专业技能实训系统简介 ……………… 6
  1.3.2 基于仿真模拟的招聘与甄选专业技能实训系统的设计思路 ………… 6
  1.3.3 基于仿真模拟的招聘与甄选专业技能实训系统的主要功能 ……… 7
  1.3.4 基于仿真模拟的招聘与甄选专业技能实训系统操作的简要说明 …… 9

第2章 招聘的前期工作 ……………… 17
2.1 知识要点 …………………………… 17
  2.1.1 人力资源规划 ………………… 17
  2.1.2 工作分析 ……………………… 21
2.2 实战训练 …………………………… 26
  2.2.1 人力资源需求预测 …………… 27
  2.2.2 岗位分析 ……………………… 34

第3章 招聘计划 ……………………… 43
3.1 知识要点 …………………………… 43
  3.1.1 招聘计划的内涵 ……………… 43
  3.1.2 招聘计划的主要内容 ………… 44
3.2 实战训练 …………………………… 49
  3.2.1 招聘需求确认 ………………… 49
  3.2.2 招聘信息明确 ………………… 53
  3.2.3 招聘流程安排 ………………… 55
  3.2.4 招聘费用预算 ………………… 57
  3.2.5 招聘所需文件 ………………… 60

第4章 人员招募 ……………………… 67
4.1 知识要点 …………………………… 67

4.1.1 人员招募的内涵 ………… 67
4.1.2 内部招聘 ………… 68
4.1.3 外部招聘 ………… 71
4.2 实战训练 ………… 75
4.2.1 招聘广告设计 ………… 75
4.2.2 招聘流程设计 ………… 78

第5章 人员甄选 ………… 81
5.1 知识要点 ………… 81
5.1.1 人员甄选的内涵 ………… 81
5.1.2 人员甄选的主要方法 ………… 84
5.2 实战训练 ………… 98
5.2.1 简历筛选 ………… 99
5.2.2 笔试 ………… 101
5.2.3 面试 ………… 105
5.2.4 评价中心 ………… 117

第6章 人员录用 ………… 129
6.1 知识要点 ………… 129
6.1.1 人员录用的内涵 ………… 129
6.1.2 人员录用的要素 ………… 130
6.1.3 人员录用决策 ………… 132
6.2 实战训练 ………… 136
6.2.1 背景调查 ………… 136
6.2.2 录用通知 ………… 142
6.2.3 入职手续 ………… 143
6.2.4 入职培训 ………… 145

第7章 招聘评估 ………… 149
7.1 知识要点 ………… 149
7.1.1 招聘评估的内涵 ………… 149
7.1.2 招聘评估指标体系的内容 ………… 152
7.1.3 招聘评估的主要分类 ………… 153

7.2 实战训练 ………… 153
7.2.1 招聘渠道评估 ………… 154
7.2.2 招聘数量评估 ………… 156
7.2.3 招聘质量评估 ………… 157

第8章 招聘与甄选综合实训 ………… 159
8.1 实训背景 ………… 159
8.1.1 行业介绍 ………… 159
8.1.2 人才市场 ………… 160
8.1.3 关于企业 ………… 160
8.1.4 公司招聘与甄选任务 ………… 163
8.2 实训规则 ………… 164
8.2.1 公司初始状态 ………… 164
8.2.2 运营规则 ………… 166
8.3 综合实训 ………… 174
8.3.1 岗位编制 ………… 175
8.3.2 岗位缺口分析 ………… 175
8.3.3 制订招聘计划 ………… 176
8.3.4 招聘费用预算及申请 ………… 177
8.3.5 选择招聘人员 ………… 178
8.3.6 人员甄选 ………… 179
8.3.7 录用上岗 ………… 181
8.3.8 人员晋升 ………… 183
8.3.9 工作轮换 ………… 184
8.3.10 支付薪酬 ………… 185
8.3.11 人员流失 ………… 186
8.3.12 当月排名 ………… 187
8.3.13 下月开始 ………… 187

参考文献 ………… 189
附件 背景资料 ………… 191

第 1 章 导 论

招聘与甄选课程以管理学、心理学、组织行为学、人员素质测评、数理统计等学科为基础,多学科融合,具有很强的应用性、实践性和操作性。通过该课程的学习,学生不仅要掌握人员招聘与甄选的理论知识,更要掌握人员招聘与甄选的主要方法与技术,以及分析与解决人员招聘与甄选相关问题的能力,从而满足人力资源管理工作岗位的素质要求。本章从招聘与甄选实训课程教学入手,分析指出招聘与甄选实训课程教学中存在的问题。在此基础上从指导思想、目标定位到内容构成三方面提出了基于仿真模拟的招聘与甄选实训教学体系的构建。本章最后着重介绍了基于仿真模拟的招聘与甄选实训教学平台,对该实训教学平台的设计思路、主要功能及系统操作进行了全面说明。

1.1 招聘与甄选实训课程教学中存在的问题

招聘与甄选是人力资源管理专业的核心课程,也是一门实践性很强的课程。为了满足课程教学目标的要求,该课程教学体系中设置了一定的实训课程。从目前的教学实践来看,招聘与甄选课程的实训教学取得了一定的成效,但是仍然存在不少问题,主要表现在以下几个方面。

1. 实训教学学时占比低

目前，在招聘与甄选课程体系中，实训教学学时的占比远低于理论教学学时的占比。大多数情况下，招聘与甄选的实训教学学时在整个课程总学时中的占比不超过20%。理论教学学时太多，挤占了必要的实训教学学时，一方面降低了招聘与甄选课程的趣味性，另一方面削弱了招聘与甄选课程的实践性与操作性。这也导致学生考试得高分，但是实际实践能力差。

2. 实训教学内容不够系统

由于实训教学学时少，所以目前招聘与甄选课程的实训教学内容不够系统。多数学校的招聘与甄选课程的实训教学内容集中在人员甄选方面，针对招聘与甄选的其他环节，如人力资源规划、岗位分析、招聘渠道的选择及招聘评估等的实训很少。这样，学生通过实训只是训练和掌握了招聘与甄选工作的某一方面的技能，而对招聘与甄选工作的整体性与系统性缺乏足够的认识。这很不利于对学生职业能力与职业素养的培养，也不利于学生综合能力的提升，尤其不利于学生全局观的培养。

3. 缺乏集成型的实训教学平台

当前，招聘与甄选课程的实训教学一般分为两种形式：一种是软件教学，主要是开设验证型实验项目，如职业兴趣测验、16PF人格测验、职业锚测评等；另一种是情境模拟教学，针对的是设计型和综合型实训项目，如模拟面试、模拟招聘等。这两种实训教学形式对于学生实践能力与职业能力的培养都起到了一定的作用。但是在教学实践中，这两种教学形式往往是独立的、单一而分散的。单项测评软件只能解决验证型实验的需求，而情境模拟受场地、人员及其他设备的制约，所能创设的情境也是有限的。从目前来看，专门针对招聘与甄选课程的集职业测评与情景模拟于一体的实训教学平台还不多。

1.2 基于仿真模拟的招聘与甄选实训课程教学体系构建

有效开展实训课程教学的基础是构建一套能满足教学需要与人才培养目标要求的实训教学体系。基于现阶段招聘与甄选实训课程教学中存在的主要问题，我们提出构建基于仿真模拟的招聘与甄选实训课程教学体系。

1.2.1　基于仿真模拟的招聘与甄选实训课程教学体系构建的指导思想

招聘与甄选是人力资源管理工作中最基础又很重要的职能活动。招聘与甄选就是系统介绍有关招聘的基本知识、方法与技术的课程。理论教学侧重理论知识的传授，而能力与素养的培养就必须依赖实训教学。传统的实训教学内容分散不成系统、未能充分凸显招聘与甄选课程的实践性与应用性的特点。为此，要以人力资源管理专业人才培养目标为导向，以企业人力资源管理岗位的职业能力和职业素养为切入点，以人员招聘与甄选的流程为线索，构建基于仿真模拟的招聘与甄选实训课程体系。

1.2.2　基于仿真模拟的招聘与甄选实训课程教学体系构建的目标定位

人力资源管理专业要培养的是德才兼备、基础扎实、技能过硬的应用型高级人才。作为人力资源管理专业的核心课程，招聘与甄选课程的教学体系尤其是实训教学体系构建的目标定位就是紧紧围绕人力资源管理专业的人才培养目标，支撑与助力人才培养目标的实现。

1. 夯实理论知识

任何一门专业课程的教学最基本的教学目标就是让学生掌握该课程的理论体系与理论知识。但是要想使学生真正掌握并固化课程的理论知识，就需要一定的实现方式。课堂讲授固然是必要的，但是通过课堂讲授获得的知识容易停留于表象，易得也易失。知识只有转化为能力，才能得以固化。使学生掌握的理论知识转化为能力的关键途径就是实践。实训教学就是提供给学生尽可能多的实践机会。基于仿真模拟的招聘与甄选实训课程体系构建的首要目标就是以企业人员招聘与甄选中的招募、甄选、录用和评估为理论框架，将课程的实训内容分解为具体的实训项目。通过实训项目将员工招聘与甄选的理论知识有机串联起来，让学生在实训演练中加深对理论知识的理解，在此基础上夯实理论知识。

2. 提高专业技能

招聘与甄选课程作为人力资源管理专业中极具实践性和操作性的课程，其核心目标是培养和提高学生的专业技能。基于仿真模拟的招聘与甄选实训课程教学体系紧紧围绕企业人员招聘与甄选的整体活动。每一具体的实验项目均来源于企业招聘与甄选活动中的具体工作模块。同时，基于仿真模拟的招聘与甄选实训课程教学体系设计更强调企业人员招聘与甄选各个核心模块之间的有机衔接。在实训教学中，借助一定的实训教学平台，为学生模拟企业人员招聘活动与甄选的场景，引导学生主动探索学习，投入训练，使学生的实践技能和关键能力得到发展,最终实现理论知识到专业技能的转化。

3. 提升职业素养

人力资源管理专业培养的应用型高级人才不仅要专业知识基础扎实、专业技能过硬,同时要具备良好的职业素养。高等教育要把学生职业素养的培养融入学校教育的各个环节中,实训教学环节尤其关键。基于仿真模拟的招聘与甄选实训课程教学体系构建立足于人才培养计划,在实训教学体系的设计与运行中,不仅要有助于学生专业技能的训练与提高,更要把学生职业素养的培养与提升作为实训教学的终极目标。在基于仿真模拟的招聘与甄选实训教学体系中,要通过实训项目的设计、实训情境的创设、实训规则的设置等引导学生积极主动体验职业角色、规范职业行为,进而提升其职业素养。

1.2.3　基于仿真模拟的招聘与甄选实训课程教学体系的内容构成

以实训课程教学体系构建的指导思想为引领,围绕实训教学体系构建的目标定位,基于仿真模拟的招聘与甄选实训课程教学体系分为基础实训与综合实训两大模块,每一模块又分为不同的子模块,如图1-1所示。

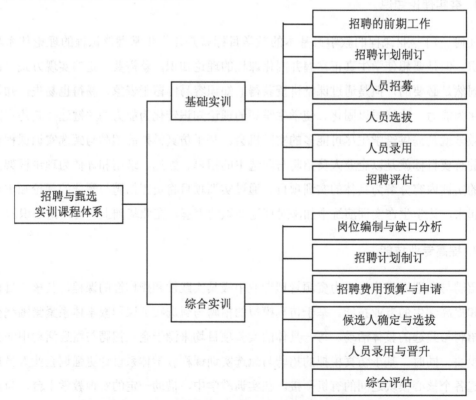

图1-1　基于仿真模拟的招聘与甄选实训课程教学体系的内容构成

基础实训模块以招聘与甄选的理论体系为框架,以企业人员招聘与甄选的工作流程为线索,包含招聘的前期工作、招聘计划制订、人员招募、人员选拔、人员录用、招聘评估六个子模块,每一个子模块基于特定的实训目标下设若干实训项目,如表 1-1 所示。基础实训模块的设计侧重对招聘与甄选的每一环节进行独立而专门性的演练操作。在基础实训前,教师需要先对各个子模块的基本理论与知识要点进行讲解与梳理。在基础实训环节,以教师为引导,以学生为主体,基于特定的案例背景,对企业人员招聘与甄选的各个环节进行实操训练。通过各个模块与项目的训练,加深学生对相关理论与知识的理解,同时能够正确有效地开展企业人员招聘与甄选的具体工作。

表1-1 基于仿真模拟的招聘与甄选实训教学体系的内容构成(基础实训模块)

实训子模块	实训目标	实训项目	建议学时
招聘的前期工作	1. 能够理解人力资源规划与工作分析的意义 2. 能够进行一般性的人力资源需求预测 3. 掌握工作分析与胜任力模型构建的基本方法	● 人力资源规划 ● 工作分析 ● 胜任力模拟构建	2
招聘计划制订	1. 掌握招聘计划的主要内容 2. 熟悉招聘流程 3. 能进行合理的招聘费用预算	● 招聘需求确认 ● 招聘信息明确 ● 招聘流程安排 ● 招聘费用预算	2
人员招募	1. 掌握招聘广告编制的基本方法 2. 熟练进行内部招聘渠道的选择 3. 熟练进行外部招聘渠道的选择	● 招聘广告编制 ● 内部招聘渠道选择 ● 外部招聘渠道选择	2
人员甄选	1. 熟悉人员甄选的常用方法 2. 能够借助简历筛选、笔试、面试及评价中心等手段对候选人做出甄别	● 简历筛选 ● 笔试 ● 面试 ● 评价中心	4
人员录用	1. 掌握背景调查的基本方法 2. 能够撰写人员录用通知 3. 能够正确履行员工入职手续 4. 掌握入职培训的一般方法	● 背景调查 ● 录用通知 ● 入职手续 ● 入职培训	1
招聘评估	1. 熟悉招聘渠道评估的方法 2. 熟悉招聘数量评估的方法 3. 熟悉招聘质量评估的方法	● 招聘渠道评估 ● 招聘数量评估 ● 招聘质量评估	1

综合实训模块同样以企业人员招聘与甄选的工作流程为线索，实训项目与基础实训模块中的项目一致。不同的是在综合实训中借鉴人力资源管理沙盘模拟的教学理念，引入竞争规则，将招聘与甄选工作置于企业生产经营的大背景下，对企业招聘与甄选的工作进行系统而连贯性的综合实战演练。在综合实训环节，学生不仅要有扎实的理论知识、熟练的专业技能，更要具备良好的沟通能力、协作能力、时间管理能力，以及敏锐的市场意识与全局观。

1.3 基于仿真模拟的招聘与甄选专业技能实训系统概述

有效的实训教学离不开必要的教学形式、教学手段与教学资源。在高校信息化建设力度越来越大，互联网+教学模式越来越被重视的大背景下，能有效整合教学形式、教学手段与教学资源，集系统性、实战性与趣味性于一体的综合实训系统成为必要。

1.3.1 基于仿真模拟的招聘与甄选专业技能实训系统简介

基于招聘与甄选专业技能实训系统分为管理员、教师、学生三个端口。管理员端包括教师管理、数据备份与学习中心三个模块，其主要任务是为教师与学生创建一个良好的教学氛围。教师端包括教学任务管理、教学背景案例、实战系统参数、学习中心四个模块，其主要任务是对实训教学进行有效的管理与指导。学生端包括基础教学、实战训练、学习中心三个模块，其中，基础教学模块包括招聘需求分析、招聘方案设计、人员招募、人员选拔、人员录用、招聘评估等子模块。学生根据教师所提供的案例内容，学习和训练招聘的相关内容。实战系统模块引入人力资源管理沙盘的教学理念，设计了岗位编制、岗位缺口分析、制订招聘计划、费用预算、人员甄选和录用、员工晋升、岗位轮换、支付薪酬、人员流失、排名等步骤。学生根据教师提供的教学案例与经营背景，对招聘与甄选活动进行系统、综合的实战训练。学习中心模块包含招聘相关知识点、视频资料、教学案例等素材，学生可在学习中心查看各类教学素材。学生端的主要任务是给学生创设良好的学习与实训平台，使学生得以巩固知识，锻炼技能，并提升职业素养。

1.3.2 基于仿真模拟的招聘与甄选专业技能实训系统的设计思路

招聘与甄选专业技能实训系统设计的基本思路是采用仿真模拟的方式让学生了解招

聘的相关知识。其核心追求不再仅是把教师掌握的现有知识技能传递给学生，而是为学生提供一个能够自主实践操作的平台，通过进行公司招聘需求分析、设计招聘方案、人员的招募、甄选和录用，人员晋升、人员流失流入等进行公司招聘与甄选的学习与了解。因此可以说该系统是一个理论与实践相结合的操作平台。

本系统采用 ASP.NET(C#)技术开发，分层结构开发模式，系统后台数据设置灵活，教师可以根据需要设置各种模拟实验参数，以改变不同公司规模下的模拟要求。系统提供当前典型的企业招聘规则，进行招聘需求分析、设计招聘方案、人员的招募、甄选和录用、人员晋升、人员转岗，以及人员流失和流入的模拟和演练，其中数据的量化、充满竞争和互动性的体验、灵活的后台控制能力、寓教于乐的开发设计是本系统的最大特色。

学生可以在教师设置的参数环境下，熟悉并完善好基础教学的内容，对企业招聘流程有一定的了解之后对公司进行运营操作，对其中涉及的各个部门的各个岗位人员的招聘计划做出自己的决策，通过与同学之间相互合作、相互竞争获取公司经济的相应理论知识和实践操作能力。在操作该系统时，学生需主动思考，积极寻找问题的解决方案，这样才能在乐趣学习的环境中获得更多的成果。

1.3.3 基于仿真模拟的招聘与甄选专业技能实训系统的主要功能

基于仿真模拟的招聘与甄选专业技能实训系统中管理员端、教师端、学生端三个端口的主要功能如下。

1. 管理员端主要功能

管理员端程序由系统管理员使用，主要包括教师管理、数据备份及学习中心三大功能。

1) 教师管理

系统管理员可创建教师账号，并对系统的教师进行管理：修改教师的登录名、密码等信息。

2) 数据备份

系统管理员还可对系统的整体数据进行备份。备份后，若任务、数据等被误删，可单击还原，还原至备份阶段。

3) 学习中心

系统管理员可在学习中心及时上传与课程相关的文字、图片、视频等学习资料。

2. 教师端主要功能

教师端程序由实践课授课教师使用，主要供教师管理教学任务，上传教学案例，创建学生端综合实训参数，上传与课程相关的文字、图片、视频等学习资料。

1) 教学任务管理

教学任务管理的主要功能是开设相关教学任务、创建学生账号、查看每个学生在基础教学和综合实训中的操作结果及下载实验报告。

2) 教学背景案例

上传招聘与甄选课程相关的教学案例或视频。

3) 实战系统参数

实战系统参数包含学生端综合实训中市场模板参数和数据模板设定。

4) 学习中心

学习中心可查看管理员上传的学习资料，教师也可单独上传与课程相关的文字、图片、视频等学习资料。

3. 学生端主要功能

学生端程序由学生使用，包括基础教学、实战系统、学习中心三部分。每个学生需要完成招聘与甄选的基础教学各个模块，实战时，各个小组通过对本企业实时数据及竞争对手数据的分析，制定人力资源管理中人员招聘与甄选的各项管理决策。

1) 基础教学

在学生系统的基础教学部分，学生根据给定的案例在人力资源需求预测与岗位分析的基础上设计招聘方案，以招聘方案为指导进行人员选拔。人员选拔包含简历筛选、笔试、面试、评价中心等方法。学生通过随机组成小组，各自选择应聘者和考官的角色，在不同的案例背景下，以小组为单位进行笔试、面试、角色扮演、无领导小组讨论等，并评分。人员选拔结束后进入人员录用环节。学生根据案例和实际情况编写背景调查表和录用通知，了解入职手续和入职培训的相关内容。在基础教学的最后是招聘评估，也就是要求学生了解招聘评估的作用，根据系统提供的案例，对招聘的渠道、数量和质量做出评估。

2) 实战系统

在该环节，学生需要根据给定的数据和参数，从人力资源需求出发，制订招聘计划，确定招聘渠道，完成人员选拔与人员录用，并对招聘做出合理的招聘评估。在这个环节，所有学生的公司之间是相互对抗竞争的，每个公司的目标就是使公司实现经营目标，提升公司效益，并战胜其他公司。因此，如何思考并制定出有效的各项决策，是取得胜利的关键。

3) 学习中心

学生可在学习中心查看教师上传的各类教学资料，自主学习。

1.3.4 基于仿真模拟的招聘与甄选专业技能实训系统操作的简要说明

1. 系统登录

在浏览器中输入学校服务器名称或 IP 地址，按 Enter 键进入"招聘与甄选专业技能实训系统 V3.1"登录界面，如图 1-2 所示。

图1-2 "招聘与甄选专业技能实训系统V3.1"登录界面

2. 管理员端操作

进入系统后，输入管理员账号和密码，单击选中"管理员"角色单选按钮，登录管理员端口，如图 1-3 所示。进入管理员端，可在"教师管理""数据备份""学习中心"三个模块进行操作。

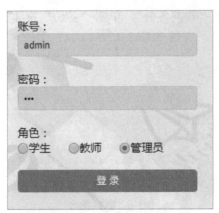

图1-3 管理员端登录

1) 教师管理

进入管理员端后，选择"教师管理"。在"教师管理"界面，单击"添加教师"按钮，注册新的教师账号，其中真实姓名、登入名和登录密码是必填选项，电话和 E-mail 是非必填项，填完后单击"确定"按钮完成教师添加，如图 1-4 所示。

对于已建好的教师账号，管理员端可以对其进行修改和删除操作，如图 1-5 所示。

图1-4　添加教师账号

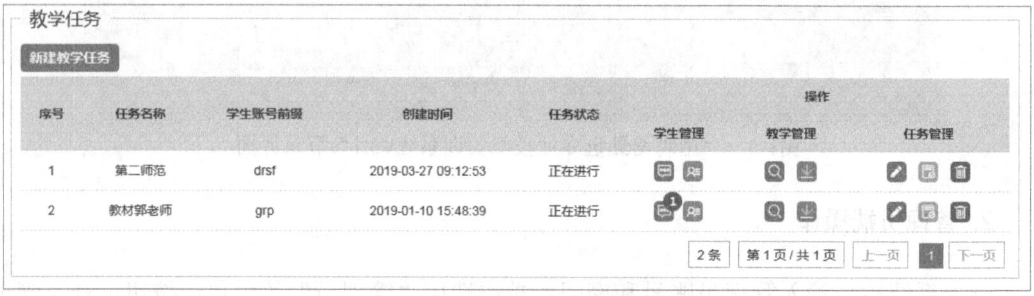

图1-5　教师账号修改与删除

2) 数据备份

进入管理员端后，选择"数据备份"，单击"备份"按钮，可以对当前所有数据进行备份，如图 1-6 所示。

图1-6　数据备份

管理员对于已备份好的文件，可以选择还原数据或删除的操作，如图 1-7 所示。

3) 学习中心

进入管理员端后，选择"学习中心"，单击"上传"按钮，选择上传文字资料或视频资料，在编辑器中添加相应内容，单击"确定"按钮提交资料，如图1-8所示。

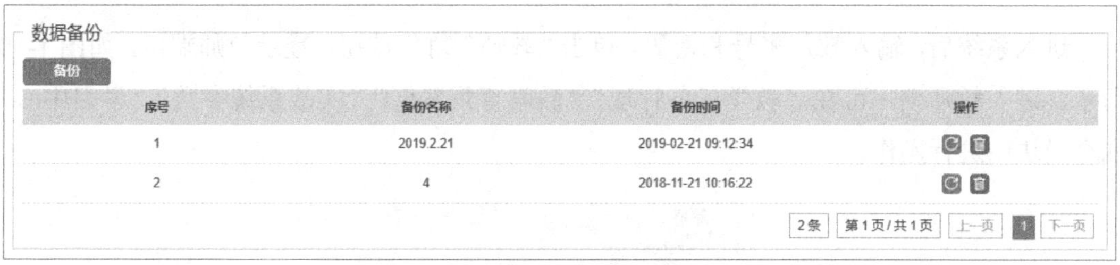

图1-7 数据还原与删除

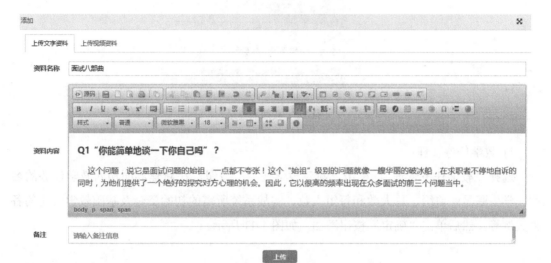

图1-8 学习资料上传

管理员对于已上传的学习资料可以选择查看、删除操作，如图1-9所示。

图1-9 学习资料查看与删除

3. 教师端操作

进入系统后，输入教师账号和密码，单击"教师"角色按钮，登录教师端口，如图1-10所示。进入教师端，可在"教学任务管理""教学背景案例""实战系统参数""学习中心"四个模块中进行操作。

图1-10　教师端登录

1) 教学任务管理

选择"教学任务管理"，单击"新建教学任务"按钮，在新建界面输入教学任务的名称、学生账号的前缀、总人数和每组人数、实战系统所需的初始资金及基础教学所需的各种案例等，然后单击"确定"按钮添加，如图1-11所示。

图1-11　新建教学任务

第1章 导　论

对于已新建的任务可以单击操作栏按钮编辑该任务。操作栏主要包括学生管理、教学管理和任务管理。其中，学生管理主要为"申请信息"和"学生管理"；教学管理主要为"参考答案填写""市场人员查看"和"下载实验报告"；任务管理主要为"修改""完成"和"删除"，如图 1-12 所示。

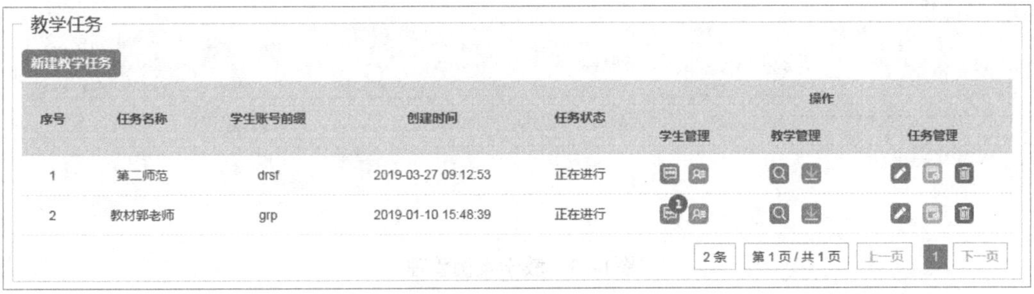

图1-12　编辑教学任务

2) 教学背景案例

选择"教学背景案例"，单击"上传教学背景案例"按钮，输入名称和类型上传教学背景案例，如图 1-13 所示。

图1-13　上传教学背景案例

单击"编辑"按钮，在文字编辑器中添加文档或图片等，单击"确定"按钮提交教学案例，如图 1-14 所示。

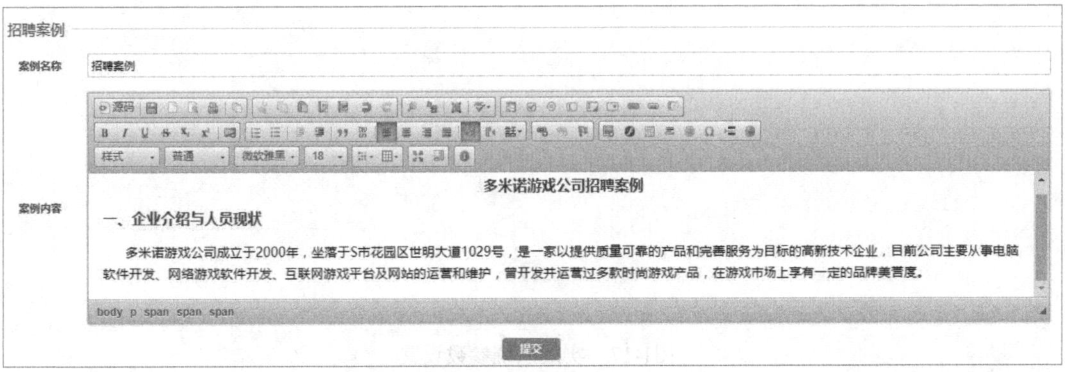

图1-14　提交教学案例

单击"查询"按钮，通过案例类型检索，查询上传的案例。若案例类型为面试案例、公文筐案例或角色扮演案例，需上传多份小案例作为一整个案例使用，可单击"管理"按钮，对这些小案例进行管理，如图1-15所示。

图1-15　教学案例管理

3) 实战系统参数

选择实战系统参数，单击"新建实战参数名称"，输入参数名称，如图1-16所示。

图1-16　新建实战系统参数

在操作栏单击"编辑"按钮，修改并确认新数据模板和市场模板，如图1-17所示。

图1-17　实战系统参数设置

4) 学习中心

选择"学习中心",确定资料类型及资料内容,单击"上传"按钮。上传成功后,单击"查看"按钮,查看具体内容,如图1-18所示。

图1-18　查看学习资料

4. 学生端操作

教学任务创建成功后,学生在登录界面输入账号和密码,单击选中"学生"角色单选按钮,登录学生端口,如图1-19所示。

图1-19　学生端登录

进入学生端后,先完善个人信息,再进入系统进行练习。学生端主要包括基础教学、实战系统和学习中心三大块,单击相应按钮进入相应模块,如图1-20所示。

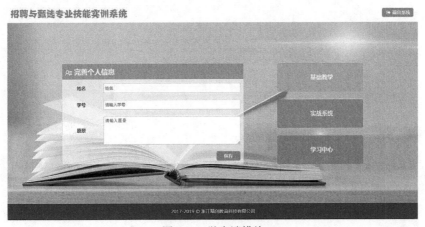

图1-20　学生端模块

学生端具体操作详见本书第2～8章,此处不再叙述。

第 2 章 招聘的前期工作

本章内容主要从知识要点与实战训练两个部分展开。知识要点主要对人力资源规划与工作分析进行基本理论知识的阐述,人力资源规划与工作分析是人力资源管理六大模块的前提和基础,通过人力资源规划和工作分析的理论知识的了解、熟悉和掌握,可为后面的招聘与甄选奠定理论基础。实战训练主要针对软件中基础教学部分的招聘需求进行模拟,招聘需求模拟分为人力资源需求预测与岗位分析模拟两个部分,通过实战训练可以锻炼学生理论知识与实践知识相结合的能力。

2.1 知识要点

在本节的知识要点中,主要对人力资源规划与工作分析的基本理论知识进行相关的介绍。

2.1.1 人力资源规划

人力资源规划概述、人力资源规划的程序及方法两部分是人力资源规划的主要内容,通过对这两部分内容的学习,可以让大家对人力资源规划有一个清楚的认知。

1. 人力资源规划概述

人力资源规划概述主要从人力资源规划的概念、类型、内容三个方面进行介绍。

1) 人力资源规划的概念

人力资源规划(Human Resource Plan，HRP)又叫人力资源计划，是指组织根据未来发展目标、发展需要等方面的战略与规划，在组织内部环境与外部环境综合分析的基础上，科学地对组织所需人力资源进行供给与需求两方面的分析，通过制定相应的政策、措施来保证组织实现对所需人力资源的获取而制订各种有效的人力资源计划的过程。

2) 人力资源规划的类型

按照不同的分类标准，人力资源规划可以分为不同的类型，如表2-1所示。

表2-1　人力资源规划的类型

分类原则	类型	主要内容
按照人力资源规划时间长短原则	短期人力资源规划	1年及1年以下的规划
	中期人力资源规划	1年以上5年以下
	长期人力资源规划	5年及5年以上
按照人力资源规划的范围大小原则	整个组织的人力资源规划	在整个组织内进行的规划，此规划包括组织内所有部门的规划
	部门人力资源规划	范围小，只是在一个部门或几个部门间进行
按照人力资源规划是否单独进行的原则	独立性的人力资源规划	指一项专门的规划，属于战略性计划
	附属性的人力资源规划	指组织整体规划的一部分，不专门进行，不单独出现

3) 人力资源规划的内容

组织人力资源规划具有两个层次，主要是指人力资源的总体规划、人力资源的专项业务计划。

人力资源的总体规划与组织战略具有直接相关性，是对规划期内人力资源(总体目标、总体政策、实施步骤、总体预算)的具体性安排。

人力资源的专项业务计划包括以下7项计划。

(1) 人员补充计划。人员补充计划是指组织通过制定人员招聘标准、人员招聘渠道、员工起点薪酬及福利等政策，使组织的人力资源在数量、层次及类型等方面都能得以改善及提高。具体步骤涉及拟订人员补充的标准、招聘宣传的费用、招聘渠道选择等。

(2) 人员配置计划。人员配置计划是指组织通过制定员工任职条件、职位轮换等政策，使组织的部门编制、人力资源结构得到优化，组织绩效得到改善。

(3) 人员提升及接替计划。人员提升及接替计划是指组织通过拟订人才选拔标准、资格，以及人才录用试用期及晋升比例，具体制订晋升计划、接替计划等，以确保组织人才的工作积极性及人才的合理储备，提升组织的绩效。

(4) 员工培训与开发计划。员工培训与开发计划是指组织通过制定员工培训与开发的政策，遴选培训人员、确定培训方式、内容、时间、地点与费用等，进而提高员工素质及工作技能，以达到提高组织绩效的目的。

(5) 薪酬激励计划。薪酬激励计划是指组织通过工资政策、激励政策等把握住激励重点，确保组织的优秀人才减少离职，提高员工的士气，改善组织的绩效。

(6) 员工关系计划。员工关系计划是指组织通过人性化管理、与员工积极沟通，让员工参与组织管理，以期降低离职率、减少员工投诉率及不满的计划。

(7) 员工退休及解聘计划。员工退休及解聘计划是指组织通过退休程序及政策、解聘程序及政策，来规范员工退休及员工解聘，达到降低人力资源成本的目的，进而提高组织的生产效率。

2. 人力资源规划的程序及方法

此部分内容主要介绍人力资源规划的程序及步骤、人力资源需求与供给预测的方法、人力资源供求平衡分析等知识。

1) 人力资源规划的程序及步骤

人力资源规划的程序主要分为四个阶段，即准备、预测、实施、评估与反馈，具体分为八个步骤，包括信息收集、预测组织的人力资源需求、预测组织所需人力资源供给、确定组织人力资源净需求、编制人力资源规划、实施人力资源规划、评估人力资源规划、反馈与修正人力资源规划。

2) 人力资源需求与供给预测的方法

人力资源需求与供给预测的主要方法如下。

(1) 现状规划法。现状规划法相对较简单，其操作是假定组织人员在短期内相对稳定，基于此种情况做出的规划。该方法适合短期的人力资源规划预测。

(2) 德尔菲法。德尔菲法也被称为专家预测法。该方法是美国兰德公司提出的，目的是通过多轮专家意见的综合来预测未来某一领域的发展。德尔菲法的操作步骤分为四个阶段：一是准备阶段，主要包括预测目标、预测课题、题目设计、选择专家及相关资料准备等。二是首次预测阶段，即将准备阶段设计的调查问卷及背景资料通过邮寄、电邮及面送的方式交给各位专家，各专家以匿名、独自的方式进行预测。然后将每位专家的预测结果回收，进行综合整理，形成首轮预测报告。三是多轮预测阶段，即把第一次的预测报告反馈给各位专家，进行第二次预测，如此反复进行 3～5 轮。四是最终预测结果阶段，即在前面多轮预测的基础上形成各位专家比较认可的意见，最终形成预测的结果。

(3) 经验预测法。经验预测法主要依靠个人过去的经验，这些经验是不断积累的，也有可能是个人的直觉，个人可以靠着这些经验和直觉预测组织未来的人力资源需求。该方法比较简单、成本低，但具有强烈的主观色彩，因此适用于短期预测，对中长期预测效果一般。

(4) 人力资源信息库。组织的发展需要建立人力资源信息库，其中包含员工的基本简历、技能及培训等。组织在人力资源信息库中可以快速地获取人员的信息，并在组织出现空缺岗位时能快速地找到人员并把其配置到空缺岗位上。因此，组织需要及时更新员工信息，健全组织人力资源信息库。

(5) 人员替换法。人员替换法是根据组织中的职位空缺来预测人力资源供给。某组织人力资源内部供给替换图如图 2-1 所示。在图 2-1 中，A 表示可提拔；B 表示需要培训；C 表示不合适。对员工现职的评价中，1 代表绩效特别优秀；2 代表优秀；3 代表一般；4 代表较差。通过接替图，组织内员工的情况一目了然，组织也可以尽早对员工的职业生涯进行规划，如果图中已出现明显的能岗不匹配的情况，需要及时对人员进行储备。

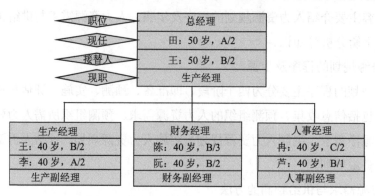

图2-1　某组织人力资源内部供给替换图

3) 人力资源供求平衡分析

人力资源供求平衡问题一般会出现四种情况：供求平衡、供不应求、供大于求、供求总量平衡状态下的结构失衡等。

人力资源供求平衡状态下采取的应对措施：每个组织都希望其人力资源供求是平衡的，但是供求平衡状态只是一种理想状态，在组织发展的过程中，很难做到真正的供求平衡。因此，一旦组织目前是处于供求平衡状态，则可以在人力资源规划中确保这种平衡状态，使组织的人力资源能更好地发挥作用。

人力资源供不应求状态的应对措施：通过外部获取方式招聘人员；提高员工的工作效率；增加员工的工作时间；减少离职；将组织的有关业务外包出去；对组织的业务进行重组。

人力资源供大于求状态的应对措施：鼓励员工提前退休；暂停招聘；裁员或辞退部分员工；人力资源业务外包；通过减少工作时间、降低薪酬等方式达到减少供给的目的；拓展新的业务，以达到对人力资源的需求增加的目的；对多出的员工进行培训，提高人员的技能，为组织的未来发展储备力量。

针对供求总量平衡状态下的结构失衡情况，组织可以做的工作有：一是对内部人员进行重新配置，可以通过职位的变动(如晋升、平调、降职)，来满足组织中部分岗位对人员的需求；二是组织人员替换，组织可以通过手段将组织不需要的人员解聘，及时更新成组织需要的人员，进而调整组织人员结构；三是进行针对性的培训，让在培训中表现优秀的员工得以晋升，并给予相应的待遇。

2.1.2 工作分析

1. 工作分析概述

工作分析的基本概念、工作分析需要考虑的时机与原则等内容是工作分析概述部分的主要内容。

1) 工作分析的基本概念

工作分析，又被称为职位分析、岗位分析或职务分析，是分析某个职位在组织管理中的职位目的、职责与权利、任职资格条件、工作条件等相关的信息的活动或过程。在该活动或过程中需要运用科学的方法搜集信息、分析信息，为组织的战略、目标服务。

2) 工作分析的时机与原则

(1) 工作分析的时机。工作分析的时机有以下几个：①新成立的组织需要做工作分析。②战略调整的组织需要做工作分析。③组织进行技术创新时需要做工作分析。④组织实行新的制度时需要做工作分析。⑤现有组织没有进行工作分析时，需要做工作分析。

(2) 工作分析的原则。工作分析的原则有：①坚持系统分析原则。工作分析不是简单地对职位所需的任务进行罗列，需要坚持系统分析的原则。在进行工作分析时需要考虑组织的设计、组织流程，同时还需要从职位本身即职位设计的角度进行分析。②坚持标准化原则。标准化是当前组织中进行工作分析需要遵循的原则之一。工作分析的标准化不仅包括工作分析的内容、工作分析的方法，还包括工作分析的程序与指标等方面的因素，以及组织的人事管理方面的文件也需要标准化。③坚持最大限度优化原则。工作分析的最大限度优化原则是指通过工作分析，组织能在岗位设置、岗位职责等方面达到最大限度优化，而达到最大限度优化的目的是使组织中的资源得到合理的配置。

2. 工作分析的内容、方法与步骤

在工作分析的内容、方法与步骤部分，主要介绍了"6W1H"、定性与定量工作分析的方法及工作分析的6个步骤。

1) 工作分析的内容

总体上，工作分析的内容主要从工作本身、任职资格两个方面进行分析。具体来讲，工作本身包括工作目的、步骤、流程等相关内容，任职资格包括教育背景、技能水平、培训经历等方面。纵观其他学者的一些观点，"6W1H"（what、why、who、when、where、for whom和how）是进行工作分析时主要研究的七个方面，具体如下。

(1) what：是指做什么事情，所从事的工作活动是什么。

(2) why：是指工作的目的，为什么做这件事。

(3) who：是指谁对该工作负责，也可以说是具备哪些条件的人可以负责该工作。

(4) when：是指在什么时间开始工作。

(5) where：是指在哪里开始工作，也可以说是工作能得以开展的软环境与硬环境。

(6) for whom：是指在工作过程中产生的各方面的联系。

(7) how：是指怎么来做，通过哪些工作活动可以达到目的。

2) 工作分析的基本方法

工作分析的基本方法，总体上分为定性分析方法和定量分析方法。

(1) 定性分析方法。常见的定性分析方法有：①观察法，是指对需要分析的对象进行直接观察并进行记录的方法，在观察过程中需要借助摄像机、录音机、照相机等工具，工作人员需要有一定的经验。②访谈法，又叫面谈法，是指如果要获得某职位信息，需要与员工面谈。访谈法根据面谈对象人数的不同，可以分为个别访谈法和集体访谈法两类。③工作日志法，又叫工作写实法，指该员工既是观察者又是被观察者，并把工作内容以工作日志的方式进行记录的活动。④开放式问卷调查法，是指通过设计调查问卷的方式进行资料收集，但是该调查问卷并不会对答案进行引导及给予固定的选项，答案是开放式的，被调查者可以根据自身对岗位的认识对问卷进行回答。⑤工作体验法，又叫工作实践法，是指工作分析人员亲自从事所要研究的工作，从而收集到第一手的资料，客观地对该工作进行分析。

(2) 定量分析方法。常见的定量分析方法有：①职位分析问卷。职位分析问卷中包含194个条目，其中，187个可以用作分析完成工作目标的工作要素，7个可用来对薪酬问题进行分析。②通用标准问卷。通用标准问卷主要从13个方面进行工作分析，即接受管理、

实施管理、知识和技能、语言运用、管理和业务决策、内部联系、外部联系、主持或发起会议、参与会议、体力活动、设备与机器等工具的使用、环境条件、其他特征。③职位分析计划表。职位分析计划表由美国劳工部创设，将定性和定量方法进行了有机融合。实际工作中更多地采用职位分析计划表来进行工作分析。

3) 工作分析的基本步骤

工作分析的基本步骤包括确定工作分析的目的阶段、组建人员阶段、收集信息阶段、分析信息阶段、结果表述阶段、结果运用阶段等。

3. 工作说明书的编写

工作说明书的编写主要从工作说明书的主要内容及工作说明书编写注意事项两部分进行介绍。

1) 工作说明书的主要内容

工作说明书的主要内容包括9个方面：工作标识、工作概要、工作职责、业绩标准、工作关系、设备使用、工作环境与条件、任职条件与资格、其他信息。

2) 编写工作说明书时需要注意的事项

编写工作说明书时需要注意以下事项：①工作说明书整体表述要简单、清晰。②根据所要描述的对象，尽可能地在描述时遵循动词后面是宾语、宾语后面是目标的书写格式。③采用的语言是任职者及其上下级可以看得明白的语言。④按照工作的某个顺序描述，工作的范围要全面。

4. 胜任素质及胜任力模型

本部分内容主要介绍胜任素质的相关内容以及胜任力模型的相关知识。

1) 胜任素质

人们对于胜任素质的主要理解还存在一些偏差，下面就从胜任素质的概念、胜任素质的分类进行说明。

(1) 胜任素质的概念。

关于胜任素质的概念的界定，理论界的研究较多，其中，斯潘塞关于胜任素质的定义是比较有代表性的，麦克利兰被称为"胜任素质的创始人"。

斯潘塞认为，胜任素质是指可以将某一工作、组织或文化进行区分的个体行为特征，该定义中的区分包含两方面的区分，即表现优秀者与表现一般者、表现合格者与表现不合格者。

麦克利兰认为胜任素质在内涵理解方面，主要包括6个方面的内容，即知识、技能、社会角色、自我概念、特质及动机。可以借助冰山模型加深对胜任素质6个方面的理解，如图2-2所示。

图2-2 冰山模型

根据图 2-2 关于胜任素质的冰山模型可以看出,技能、知识是显而易见的外显个人特征,而自我概念、社会角色、特质及动机是属于个人隐藏的、不易显现的内在的特征。

(2) 胜任素质的分类。

胜任素质根据不同的分类标准分为不同的类型,如表 2-2 所示。

表2-2 胜任素质的分类

分类依据	类型
根据组织预测的绩效目标划分	基准性胜任素质:区分合格者与不合格者
	鉴别性胜任素质:区分优秀者和一般者
根据工作性质、特点划分	职位胜任素质模型
	角色胜任素质模型
	职能胜任素质模型
	组织胜任素质模型

2) 胜任力模型

关于胜任力模型的相关知识,主要从胜任力模型概念、胜任力模型构建方法、胜任力模型的构建流程等方面进行介绍,并采用互联网 A 公司 HRBP 岗位胜任力模型为例进行说明。

(1) 胜任力模型概念。

胜任力模型是指员工在岗位或工作或任务情境中所表现出来的深层次的、潜在的特征,此类特征可以将员工进行区分,判断员工与岗位或工作或任务的匹配度。

(2) 胜任力模型构建方法。

建立胜任力模型,目前常用的方法有行为事件访谈法、情境判断测验法、问卷调研法、职位分析方法、德尔菲法等。在众多的方法中,行为事件访谈法是运用得比较多的一种方法,该方法由麦克利兰提出,之后其他学者对其进行了进一步的发展,下面对其具体介绍。

行为事件访谈法是指由被测评人对过往工作中产生的关键事件进行回顾，并阐述事件发生的原因、过程及结果等相关信息的一种方法。该方法需要被测者回顾的事件既有最成功的事件也有最失败的事件，阐述的信息需要尽可能的详细，其主要步骤包括准备阶段、具体实施阶段及事后的编码阶段。

(3) 胜任力模型的构建流程。

胜任力模型的构建流程如图2-3所示。

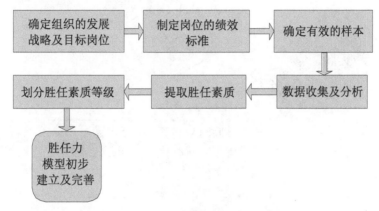

图2-3 胜任力模型构建流程图

① 确定组织的发展战略及目标岗位。组织的发展战略是建立胜任力模型的总指导，目标岗位是胜任力模型建立的关键。因此，确定当前组织的发展战略及目标岗位是有必要的。

② 制定岗位的绩效标准。根据岗位的性质、特点，以及员工在当前岗位中的表现，界定该岗位的绩效标准。

③ 确定有效的样本。根据岗位对相关胜任素质的要求，最忌在该岗位工作的员工中抽取优秀与一般的员工，样本数量要适当。

④ 数据收集及分析。通过各种方法对有效的样本数据进行收集，并通过一定的手段对收集到的数据进行分析，获取充分的资料。

⑤ 提取胜任素质。根据前面收集的数据及对数据的分析，获取与岗位有关的胜任素质资料，并进行归纳与整理。

⑥ 划分胜任素质等级。在提取胜任素质之后，对各个胜任素质进行评比，赋予不同的权重，并对其等级进行划分。

⑦ 胜任力模型初步建立及完善。在前面工作的基础上，根据胜任素质要求及胜任素质等级，将胜任力模型以图形或文字的形式表现出来，建立初步的胜任力模型。然后对胜任力模型进行验证，验证其与组织、岗位、员工是否匹配，并不断地发现问题、解决问题，

进一步完善胜任力模型。

(4) 胜任力模型图示例。

A 公司是互联网公司，随着公司人力资源管理业务的细分，HRBP 岗位胜任力的模型如图 2-4 所示。

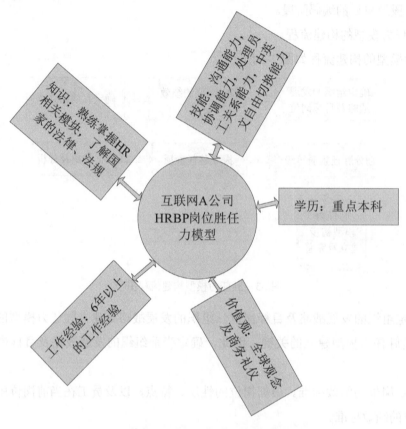

图2-4　互联网A公司HRBP岗位胜任力模型图

2.2　实战训练

招聘的前期工作主要包括人力资源规划和工作分析。人力资源规划可以让组织对当前的人力资源存量、需求及供给进行分析，可以为组织的战略目标服务。工作分析指的是通过对职位、岗位或工作进行具体分析，并用相关信息对其进行表述，让求职者、管理者等相关人士能对该岗位进行了解的过程。本节的内容主要是分析招聘需求，即对人力资源需求预测及岗位分析进行实战训练。学生在了解并熟悉人力资源规划及工作分析的基础上，通过对多米诺游戏公司的人力资源需求预测及岗位分析,将理论与实践进行结合,可以提高学生解决实际问题的能力,并为后续的招聘工作积累前期基础知识。

2.2.1 人力资源需求预测

单击"基础教学",进入招聘需求分析界面,招聘需求分析下有两项主要任务,分别是人力资源需求预测及岗位分析。人力资源需求预测包含五块任务:人员编制、人员盘点、未来人力资源需求、未来人力资源流失预测、人力资源净需求,如图2-5所示。

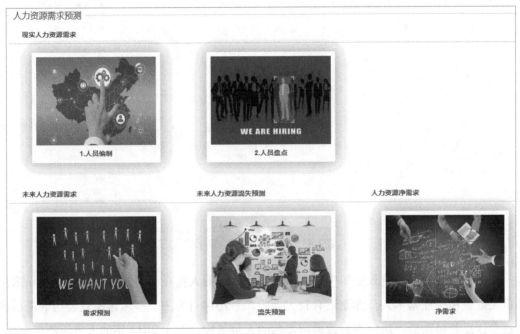

图2-5 人力资源需求预测界面

指导教师带领学生回顾掌握人力资源需求与供给方面的理论知识。在做好预习工作的前提下,单击"背景案例"按钮,研读实战背景资料,学生分析背景资料并根据分析结果依次完成人力资源需求预测。

1. 人员编制

人员编制是指组织对未来一段时间组织的人员配置及岗位所需人员数量的规定。通过人员编制,可以让管理者及组织内的其他员工对组织的岗位类型及人才需求有一个明确的了解。单击"人员编制",进入"人员编制表"界面,如图2-6所示。

人员编制表			
序号	部门	岗位	编制人数
1	总经办	总经理	请输入总经理人数
2	人事	经理	请输入人事经理人数
3	人事	主管	请输入人事主管人数
4		专员	请输入人事专员人数
5	财务	经理	请输入财务经理人数
6	财务	主管	请输入财务主管人数
7		专员	请输入财务专员人数
8	销售	经理	请输入销售经理人数
9	销售	主管	请输入销售主管人数
10		专员	请输入销售专员人数
11		经理	请输入生产经理人数
11	生产	经理	请输入生产经理人数
12	生产	主管	请输入生产主管人数
13		专员	请输入生产专员人数
14	研发	经理	请输入研发经理人数
15	研发	主管	请输入研发主管人数
16		专员	请输入研发专员人数

确定

图2-6 "人员编制表"界面

在本书最后的附件背景资料中，多米诺游戏公司的人员在 2013 年变动较大，年末实际员工数量和企业基本人员编制还有较大差距。在2014年年初，多米诺游戏公司的高层在经过会议反复讨论后，决定重新改善研发部的人员结构，制定2014年的人员编制情况图。

在多米诺游戏公司2014年新规划资料中，岗位及人员数量都有清晰的展示，学生把多米诺游戏公司 2014 年人员编制及人员数量方面的相关数据输入图 2-6 中，然后核对数据，确认无误后，单击"确定"按钮。最后，单击"解析"按钮，查看填写的内容是否与解析一致，若不一致，思考缘由，如图 2-7 所示。

2. 人员盘点

人员盘点是指组织运用科学的方式方法对自身所拥有人力资源数量、质量及结构等进行统计、分析与评价。通过人员盘点，组织可以对其人力资源状况有清晰的了解，明确组织的人力资源情况与竞争对手相比的优势与劣势情况，以及组织中的人力资源与岗位的匹配情况，有助于组织制定科学的政策，完善组织的人力资源规划，降低企业的用人成本。单击"人员盘点"按钮，进入人员盘点页面，如图 2-8 所示。

序号	部门	岗位	编制人数
1	总经办	总经理	1
2	人事	经理	1
3		主管	3
4		专员	18
5	财务	经理	1
6		主管	2
7		专员	10
8	销售	经理	1
9		主管	4
10		专员	24
11	生产	经理	1
12		主管	3
13		专员	30
14	研发	经理	1
15		主管	8
16		专员	80

图2-7 人员编制解析

人员盘点表

序号	部门	岗位	期初人数	超出/缺口
1	总经办	总经理	请输入初期人数	
2	人事	经理	请输入初期人数	
3		主管	请输入初期人数	
4		专员	请输入初期人数	
5	财务	经理	请输入初期人数	
6		主管	请输入初期人数	
7		专员	请输入初期人数	
8	销售	经理	请输入初期人数	
9		主管	请输入初期人数	
10		专员	请输入初期人数	
11	生产	经理	请输入初期人数	
12		主管	请输入初期人数	
13		专员	请输入初期人数	
14	研发	经理	请输入初期人数	
15		主管	请输入初期人数	
16		专员	请输入初期人数	

确定

图2-8 人员盘点界面

在本书最后的附件背景资料中，随着多米诺游戏公司的发展，多米诺游戏公司面临的竞争也越来越激烈，多米诺游戏公司目前共有6个部门，人力资源结构在年龄、学历等方面不合理,部分部门的人员存在流失率高于10%的情况。针对多米诺游戏公司的现状,2013年12月,多米诺游戏公司对组织的人员情况进行盘点。

学生盘点多米诺游戏公司目前的人员情况,根据多米诺游戏公司现有组织结构人员情况,填写数据,其中"超出/缺口"数据由系统自动计算,如图2-9所示。人员盘点表填写完成后,单击"确定"按钮,查看解析内容,核对数据。

人员盘点表

序号	部门	岗位	期初人数	超出/缺口
1	总经办	总经理	1	0
2	人事	经理	1	0
3		主管	4	1
4		专员	22	4
5	财务	经理	1	0
6		主管	2	0
7		专员	8	-2
8	销售	经理	1	0
9		主管	4	0
10		专员	16	-8
11	生产	经理	1	0
12		主管	2	-1
13		专员	21	-9
14	研发	经理	1	0
15		主管	8	0
16		专员	74	-6

图2-9 人员盘点表

3. 未来人力资源需求

未来人力资源需求是指组织为了应对内外环境的变化对组织所需人员在数量、质量及结构方面的调整。通过人员编制及人员盘点,可以计算出组织内部能够提供的人员数量。单击"需求预测",进入"未来人力资源需求预测表"界面,如图2-10所示。

在本书最后的附件背景资料中,多米诺游戏公司2014年人力资源新编制中的人员数量是未来的人力资源需求数量,学生根据2014年多米诺游戏公司的人员编制数量,填写人力资源需求数据量。在内部供给方面,根据研读资料发现研发部专员有1人晋升,生产部专员有2人晋升,所以内部供给总数为3人,将分析出来的数据填入人力资源未来需求表中,如图2-11所示。填写完人力资源需求预测后,单击"确定"按钮,查看解析内容,核对数据。

未来人力资源需求预测表				
序号	部门	岗位	人力资源需求	内部供给
1	总经办	总经理	请输入总经理人数	请输入内部供给人数
2	人事	经理	请输入人事经理人数	请输入内部供给人数
3		主管	请输入人事主管人数	请输入内部供给人数
4		专员	请输入人事专员人数	请输入内部供给人数
5	财务	经理	请输入财务经理人数	请输入内部供给人数
6		主管	请输入财务主管人数	请输入内部供给人数
7		专员	请输入财务专员人数	请输入内部供给人数
8	销售	经理	请输入销售经理人数	请输入内部供给人数
9		主管	请输入销售主管人数	请输入内部供给人数
10		专员	请输入销售专员人数	请输入内部供给人数
11	生产	经理	请输入生产经理人数	请输入内部供给人数
12		主管	请输入生产主管人数	请输入内部供给人数
13		专员	请输入生产专员人数	请输入内部供给人数
14	研发	经理	请输入研发经理人数	请输入内部供给人数
15		主管	请输入研发主管人数	请输入内部供给人数
16		专员	请输入研发专员人数	请输入内部供给人数

图2-10 "未来人力资源需求预测表"界面

序号	部门	岗位	人力资源需求	内部供给人数
1	总经办	总经理	1	0
2	人事	经理	1	0
3		主管	3	0
4		专员	18	0
5	财务	经理	1	0
6		主管	2	0
7		专员	10	0
8	销售	经理	1	0
9		主管	4	0
10		专员	24	0
11	生产	经理	1	0
12		主管	3	2
13		专员	30	-2
14	研发	经理	1	0
15		主管	8	1
16		专员	80	-1

图2-11 未来人力资源需求预测表解析

4. 未来人力资源流失预测

未来人力资源流失预测是指组织根据过去相关岗位的人员流失情况计算出流失率,并假定在未来的一段时间中,该流失比率保持不变,根据流失率的情况,计算出组织在未来的人力资源流失数量。通过该内容的实训,可以让学生对组织人力资源流失有清晰的认识,并为组织的合理人力资源存量进行预估。单击"流失预测",进入"未来人力资源流失预测表"界面,如图 2-12 所示。

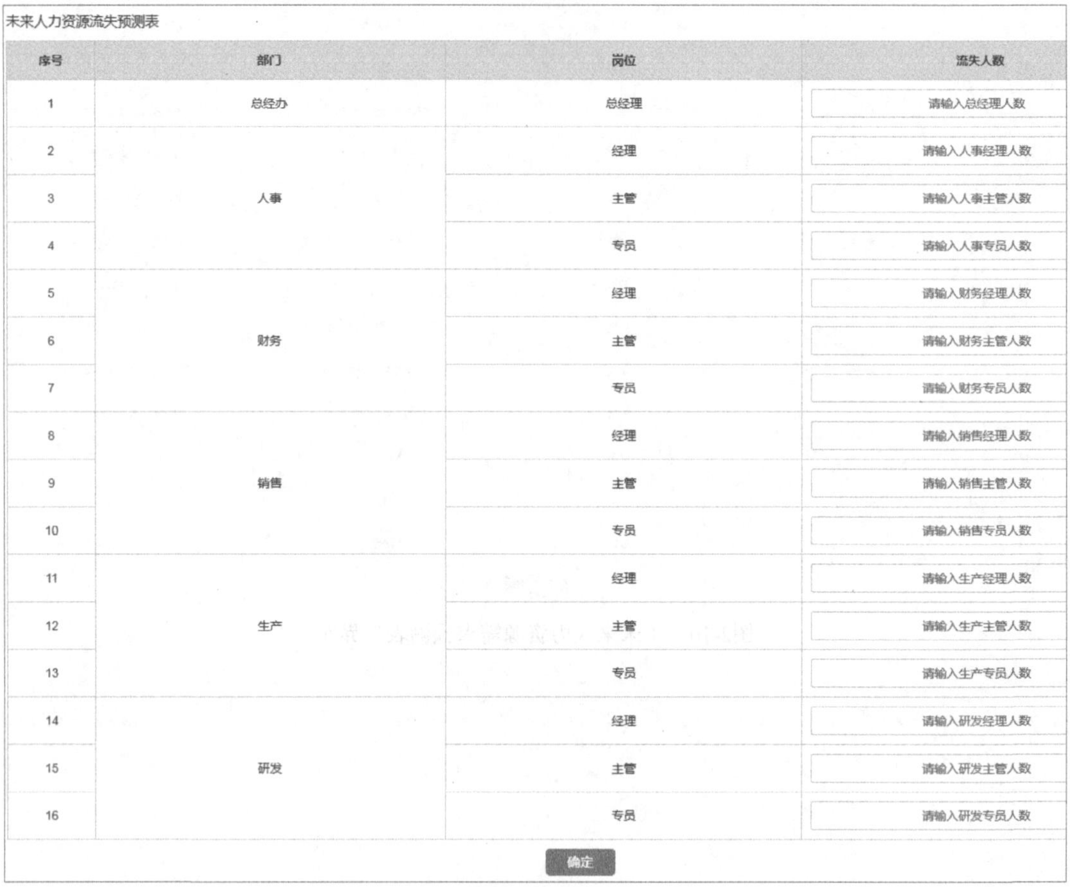

序号	部门	岗位	流失人数
1	总经办	总经理	请输入总经理人数
2	人事	经理	请输入人事经理人数
3	人事	主管	请输入人事主管人数
4	人事	专员	请输入人事专员人数
5	财务	经理	请输入财务经理人数
6	财务	主管	请输入财务主管人数
7	财务	专员	请输入财务专员人数
8	销售	经理	请输入销售经理人数
9	销售	主管	请输入销售主管人数
10	销售	专员	请输入销售专员人数
11	生产	经理	请输入生产经理人数
12	生产	主管	请输入生产主管人数
13	生产	专员	请输入生产专员人数
14	研发	经理	请输入研发经理人数
15	研发	主管	请输入研发主管人数
16	研发	专员	请输入研发专员人数

图 2-12 "未来人力资源流失预测表"界面

在本书最后的附件背景资料中,多米诺游戏公司在 2013 年人员共流失了 22 人左右,根据近 5 年内本公司的人员流失情况,大致可以估算出研发部和财务部员工流失率各在 18%左右,人事部员工流失率在 10%左右,生产部和销售部的员工流失率各在 15%左右。各部门主管的流失率基本比员工级的流失率低 5%。

学生根据以上流失率,结合多米诺游戏公司 2014 年的人力资源规划,计算出相应岗位的流失人数,填入流失预测表中,如图 2-13 所示。填写完流失人数后,单击"确定"按钮,查看解析,核对数据。

序号	部门	岗位	流失人数
1	总经办	总经理	0
2	人事	经理	0
3		主管	0
4		专员	2
5	财务	经理	0
6		主管	0
7		专员	2
8	销售	经理	0
9		主管	0
10		专员	4
11	生产	经理	0
12		主管	0
13		专员	5
14	研发	经理	0
15		主管	1
16		专员	14

图2-13 未来人力资源流失预测数表

5. 人力资源净需求

人力资源净需求是未来人力资源的需求数量减去组织期初人数之后，再减去内部供给数量，然后加上未来人力资源流失预测数量之后的数额。通过对人力资源净需求的计算，可以减少组织人力资源的浪费，有效降低组织的用人成本。单击"人力资源净需求"，如图2-14所示。净需求根据公式由系统计算得出：净需求=人力资源需求预测－期初人数－内部供给人数+人员流失预测人数。学生可以用自己计算的数量与系统计算的数量进行比较。

序号	部门	岗位	人力资源净需求
1	总经办	总经理	0
2	人事	经理	0
3		主管	0
4		专员	-24
5	财务	经理	0
6		主管	2
7		专员	28
8	销售	经理	-10
9		主管	0
10		专员	0
11	生产	经理	0
12		主管	13
13		专员	16
14	研发	经理	0
15		主管	5
16		专员	-53

图2-14 人力资源净需求

2.2.2 岗位分析

岗位分析包括工作说明书和胜任力模型两个部分，如图 2-15 所示。以下内容是对工作说明书和胜任力模型进行实战训练。

图2-15　岗位分析

1. 工作说明书

工作说明书是工作分析的一种结果表述，主要是对与岗位有关的相关信息进行的文字性表述。通过工作说明书的编制，可以让组织中的员工对工作概要有一定的了解，也可以建立工作程序及标准，明确员工的工作任务、权责，亦可以为组织中的人员选拔、培训等提供依据。

学生在完成人力资源需求预测后，了解了公司的人力资源净需求，对于多米诺人力资源净需求较多的岗位，首先应该对该岗位编制工作说明书。单击"工作说明书"，如图 2-16 所示。

图2-16　工作说明书

1) 确定分析对象

根据公司的人员净需求数量,可以看出财务专员需要 4 人,销售专员需要 12 人,生产专员需要 16 人,研发专员需要 21 人;人事主管冗余 1 人,人事专员冗余 2 人,销售主管冗余 2 人,生产主管冗余 1 人,其他岗位人岗匹配。

在本书最后的附件背景资料中,公司人力资源净需求较多的岗位是研发部的专员岗位,净需求量达到 21 位。因此,以游戏开发程序员为例,把游戏开发程序员岗位作为分析对象,填入系统。

2) 确定分析内容

在确定分析对象之后,学生需要根据游戏开发程序员岗位分析的知识,逐步填写岗位基本信息、岗位工作内容、岗位工作责任、岗位任职要求等。在确定分析内容方面,学生可以分别单击"选择"按钮,或者单击"自定义"按钮进行设计。

(1) 岗位基本信息。

单击"选择"按钮,从多个选项中选择岗位基本信息的项目。可根据游戏开发程序员的岗位名称、隶属部门、直接上级等进行选择,或者单击"自定义"按钮,根据自身对知识的掌握进行设计。设计完之后,单击"提交"按钮,如图 2-17 所示。

图2-17　岗位基本信息

(2) 岗位工作内容。

单击"选择"按钮,根据工作说明书的工作内容的要求,逐个勾选"工作时间""工作环境""工作要点",或者单击"自定义"按钮,根据自身对知识的掌握进行设计。设计完之后,单击"提交"按钮,如图 2-18 所示。

(3) 岗位工作责任。

学生单击"选择"按钮,勾选"工作职责",或者单击"自定义"按钮,根据自身对知识的掌握进行设计。设计完之后,单击"提交"按钮,如图 2-19 所示。

图2-18　岗位工作内容

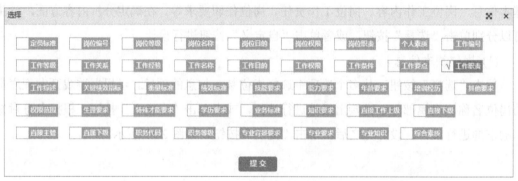

图2-19　岗位工作责任

(4) 岗位任职要求。

单击"选择"按钮，逐步勾选"技能要求""学历要求""专业要求""工作经验"，或者单击"自定义"按钮，根据自身对知识的掌握进行设计。设计完之后，单击"提交"按钮，如图2-20所示。

图2-20　岗位任职要求

3) 信息采集与描述

确定分析内容之后，进行信息采集与描述，描述分析内容，如图2-21所示。

图2-21 信息采集与描述

4)形成工作说明书

在对各分析内容填写完整后,单击"形成工作说明书"按钮,显示完整的工作说明书,如图2-22所示。在工作说明书编写的过程中,学生在游戏开发程序员岗位例子的指导下,熟练工作说明书的编写,在此基础上,学生也可选择其他岗位,不一定拘泥于游戏开发程序员。

图2-22 形成工作说明书

2. 胜任力模型

1) 胜任力素质模型

单击"胜任力模型",了解胜任力素质模型的概念,学习洋葱模型、冰山模型等内容,如图 2-23 所示。

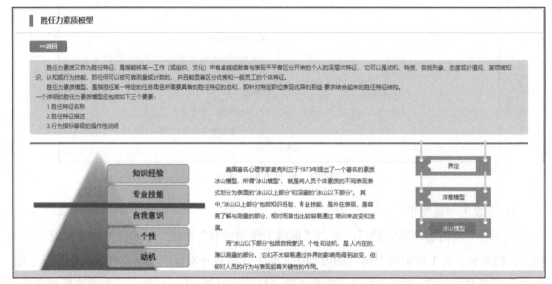

图2-23 胜任力素质模型

2) 岗位名称确定

根据人力资源净需求中的结果,选择某一岗位来构建胜任力素质模型。为了与工作说明书中的岗位保持一致性,在此处以游戏开发程序员为例。

3) 初选胜任力素质指标

根据确定的岗位名称,逐步填写"公司战略目标""岗位职责要求""员工表现对比",如图 2-24 所示。

图2-24 初选胜任力素质指标

(1) 公司战略目标指标选择。

背景资料中，公司面临激烈的外部竞争、内部人员学历偏低等问题。针对此种情况，公司不断提高对游戏开发程序员岗位的学历要求，以及游戏开发程序员在成就方面、实现个人价值方面的导向作用。根据游戏开发程序员的特征，单击"选择"指标，勾选"成就导向"等项目，如图2-25所示。

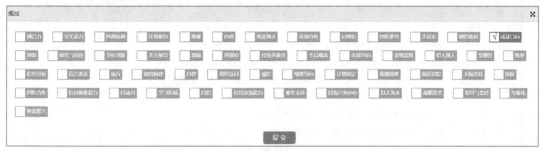

图2-25　公司战略目标指标选择

(2) 岗位职责要求指标选择。

游戏开发程序员对系统思维要求较多，单击"选择"指标，勾选"系统思维"等项目，如图2-26所示。

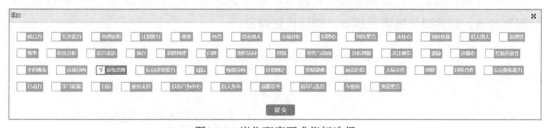

图2-26　岗位职责要求指标选择

(3) 员工表现对比指标选择。

游戏开发程序员岗位的员工需要在学习发展、进取、自信等多方面进行不断进步。因此，单击"选择"按钮，勾选"学习发展""进取心""自信""责任心"等项目，如图2-27所示。

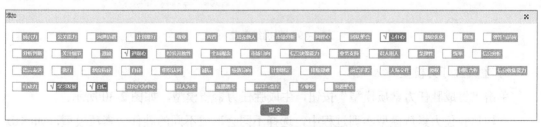

图2-27　员工表现对比指标选择

4) 核心胜任力素质指标

在上述选择的项目中，勾选有关游戏开发程序员核心的素质指标，单击"确定"按钮，如图2-28所示。

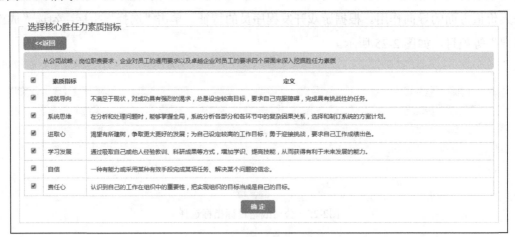

图2-28　核心胜任力素质指标

5) 明确绩效指标

明确各指标的定义、级别及描述等内容，如图2-29所示。从图2-29中可以看出，岗位级别越高，相关岗位描述就越高，指标也就越好。

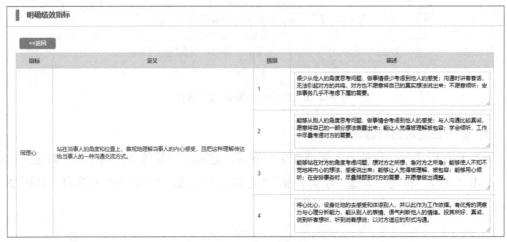

图2-29　明确绩效指标

6) 生成胜任力模型

单击"生成胜任力素质模型"按钮，生成胜任力素质模型，如图2-30所示。

在构建胜任力素质模型实训过程中，选择不同会形成不同的胜任力素质模型，如冰山模型、洋葱模型等，如图2-31、图2-32所示。此处由于篇幅所限，不再赘述，学生可根据所选岗位的情况进行实战训练。

第 2 章 招聘的前期工作

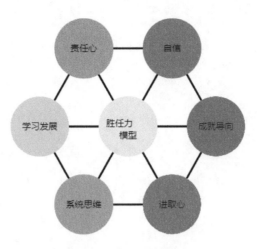

图2-30　胜任力素质模型

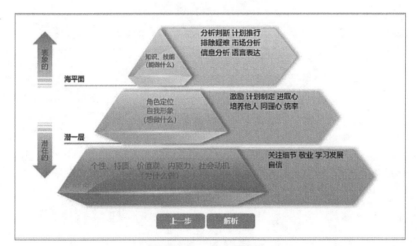

图2-31　冰山模型

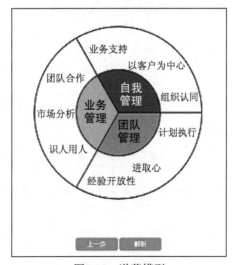

图2-32　洋葱模型

第 3 章 招聘计划

为了使组织的招聘工作能够高效有序地进行，组织需要制订招聘计划。招聘计划的目的在于使招聘工作更加科学化、合理化。招聘计划需要用人部门根据部门的发展要求，结合前期工作，包括人力资源规划的人力净需求、工作说明的具体要求，对招聘的岗位、人员数量、时间限制等因素做出详细的计划。本章将重点介绍招聘计划的内容和相关的实战训练。

3.1 知识要点

招聘计划是人力资源管理的重要组成部分，也是招聘工作顺利进行的重要保障。本节主要介绍招聘计划的内涵和招聘计划的内容等基础知识，通过对招聘计划所包含的内容进行重点描述，为实战训练提供理论支撑。

3.1.1 招聘计划的内涵

招聘计划是指组织中的人力资源管理部门在人力资源规划和工作分析的基础上，汇总各部门所提出的人员需求申请，对某一特定时期内需要招聘人员的职位、数量、任职要求等内容进行明确，同时制定出具体、详细的招聘工作执行方案。

招聘计划的主要功能是为企业进行招聘选拔工作提供了一个基本的框架，同时也保障了招聘工作的规范性、客观性和科学性，使招聘工作的操作和实施更为合理、有效，避免在招聘工作实施中的盲目和随意。

3.1.2 招聘计划的主要内容

招聘计划的主要内容包括明确招聘需求的岗位及数量、所招聘人员的要求、参与招聘工作的招聘团队成员、招聘工作实施的时间和地点、招聘方式和招聘渠道选择及招聘工作的经费预算等。

1. 明确招聘需求的岗位及数量

一般而言，组织通常会在规模扩大、员工离职、新业务开展、岗位人员晋升、企业改革等几种情况下招聘人员。招聘需求岗位及数量的明确主要通过两种方式进行：一种为由上至下，即高层根据总体业务的规划确定出企业人员总体配置计划，进而确认用人部门需要招聘的人员岗位及数量；另一种为由下至上，即企业各用人部门根据部门实际情况对人员的需求情况向人力资源部门提出用人需求申请，填写"部门人员招聘需求申请表"，如表 3-1 所示。所有部门的招聘需求岗位及数量经过上级领导的审批之后，人力资源部汇总各用人部门的需求岗位及数量形成"企业人员招聘需求汇总表"，如表 3-2 所示。注意，表 3-1、表 3-2 为"部门人员招聘需求申请表"及"企业人员招聘需求汇总表"示例，仅供读者参考。

表3-1 部门人员招聘需求申请表

申请日期：

需求岗位名称			需求人数		现有人数		需求部门	
申请原因	□离职补缺 □储备人力		□替换人员 □业务发展扩编		□岗位调动 □新增职位，需附《工作说明书》			
岗位要求	基本期望	性别		工作经验		行业背景		
		年龄				工作年限		
	教育背景	学历		必备技能		计算机水平		
		专业				外语水平		
	其他补充要求							

(续表)

岗位职能及工作内容				
部门经理申报意见	部门负责人：	年	月	日
人力资源部意见	人力资源部签字：	年	月	日
总经理意见及批复	签字：	年	月	日

表3-2　企业人员招聘需求汇总表

部门	岗位	人数	专业要求	学历要求	工作经验	其他要求

2. 所招聘人员的要求

招聘单位对计划招聘人员的要求包括基本素质要求和特殊要求。基本素质要求主要包括年龄、性别、学历、工作经验、工作能力、个性特征等，而特殊要求则由于所需人才岗位的不同而会有不同的规定。总的来说，对计划招聘人员的要求主要包括身体素质、个性品质、知识背景和工作技能等方面。所需人员招聘要求的确定为招聘选拔工作的进行提供了一个较为明晰的基本评价标准，使招聘工作的进行更有依据和针对性，同时也降低了招聘成本。

在具体的招聘实施过程中，所需人员招聘要求的确定主要遵循人岗匹配的原则，即所招聘岗位的人才需要具备的条件，包括学历、专业、技能、经验等，取决于所招聘岗位的工作要求及岗位职责。具体而言，基于前期的工作分析形成的岗位说明书，其中的任职资格为招聘要求的确定提供了直接而具体的参考依据，如表3-3所示。

表3-3 岗位说明书模板(范例)

岗位			制定日期	
直接上司			制定人	
部门			批准人	
工作概况				
协作单位				
横向联系(汇报对象)				
纵向联系(督导对象)				
内部联系				
外部联系				
工作时间				
基本职责				
任职资格						
自身条件	学历		职称		工作年限	
	年龄		性别		身高	
	体重		视力		健康	
	爱好		性格		其他	
技能要求						
工作经验						
工作条件						
薪资待遇						
发展方向						
由　　晋升至　　岗位；由　　级档晋升至　　级档						
其他发展方向：						

3. 参与招聘工作的招聘团队成员

为了保障招聘工作的顺利进行和招聘的有效性，在招聘及选拔工作过程中，不仅需要人力资源管理部门的工作人员，也需要用人部门的相关人员参与。其中人力资源部的主要职责是负责考察应聘者基本资料和素质是否真实，从整体上考察其是否符合企业岗位的基本要求，而用人部门的主要职责是考察应聘人员的知识、技能、经验和能力是否满足招聘岗位的要求，能否胜任招聘岗位。因此，招聘团队的成员一般由企业人力资源部门的工作人员、用人部门的相关人员及外部专家等人员构成。具体而言，招聘团队人员的选择一般根据所招聘的岗位来确定。如果招聘岗位为技术类岗位，那么招聘团队中应该加入相关技术专业人员参与；如果所招聘的岗位为中高层管理岗位，那么招聘团队中应该加入企业高层管理人员。

招聘团队的组建除了依据招聘岗位选择不同部门、不同层级的人员参与之外，在组建时也要综合考虑各方面的因素，形成综合、全面、互补型的招聘团队，例如，招聘团队成员的知识构成方面，既要有精通招聘知识的招聘者，也要有精通需求职位相关知识的招聘者；性格方面，团队成员中既要有严谨型的招聘者，也要有亲和型的招聘者；性别方面，团队成员中既要有男性也要有女性；年龄方面，团队成员中既要有年轻成员也要有年龄大的成员等。这样全面互补型的招聘团队才能使整个招聘及选拔过程更加公平、公正、客观。

此外，所招聘岗位的部门经理一般也应该参加招聘工作。因为部门经理作为所需员工的直接上级，更加了解所招聘岗位的任职资格和技能要求。让部门经理参与招聘工作，成为招聘团队的一员，由他来决定人员最终是否被录用，会使考核更为科学有据。

4. 招聘工作实施的时间和地点

为了保障招聘工作的顺利进行，在制订招聘计划时需要对招聘的时间和地点进行确定。

1) 招聘时间的确定

招聘时间指从开始招聘准备工作到招聘结束所需要的时间，主要包括招聘工作的前期准备、人员的招募、人员的选拔和人员的录用四个环节所用的时间。为了满足组织对人力资源的需求，保证所需员工按时到岗，在确定招聘时间时应考虑以下因素。

(1) 遵循人才市场上的供应规律。

为了节约招聘成本，提高招聘工作的效率，用人单位通常选择在人才供应高峰期到劳动力市场上招聘。一般来说，每年大学毕业生的就业阶段是人才供应的高峰期，这段时间一般是从每年的十一月开始到第二年五六月，避开大中专院校寒假放假。在这个时期进行人员的招聘工作，不仅可以降低组织的招聘成本，而且比较有希望招聘到素质较高的员工。

(2) 制订招聘时间计划。

在招聘工作正式开始之前，根据以往的招聘经验计划好招聘各环节各阶段的时间，不仅可以提高效率，而且还能节约成本，让招聘工作能够井然有序地开展和实施。

2) 招聘地点的确定

招聘地点的确定也需要考虑招聘的效果和招聘的成本。一般来讲，招聘地点的确定应遵循以下规律。

(1) 不同类型的人员在不同的范围进行招聘。企业高管或专家的招聘范围可以考虑全国乃至世界上的人才市场；中层管理人员和专业技术人才的招聘范围可以考虑跨地区人才市场；基层工作人员和技术人员的招聘范围可以考虑招聘单位所在地区人才市场；而对技术要求不高的劳动力则可以考虑农村人力资源。

(2) 临近用人单位所在地进行招聘。这样做一方面可以大幅度节省招聘成本，另一方面是临近用人单位所在地的人更能深刻理解本地文化，这在后续管理上有一定的优势。

(3) 招聘尽量在同一地区进行。这样安排一方面可以使现有员工成为无形的宣传渠道，有利于降低员工的招聘成本，另一方面也可以形成比较稳定的员工供应渠道。但是，基于招聘类型和数量会发生变化，所以在招聘时要因事、因地制宜，灵活地向更好的劳动力市场开展招聘工作。

5. 招聘方式和招聘渠道选择

总体而言，招聘方式和招聘渠道种类繁多，选择适当的招聘方式和渠道对提高招聘的质量和效率有着极其重要的作用，因此依据招聘岗位的特点选择合适的招聘方式和招聘渠道是招聘计划中非常重要的一个部分。

6. 招聘工作的经费预算

招聘工作的顺利进行离不开招聘经费的支持。在招聘工作实施之前进行招聘经费预算的确定，既可以防止在招聘过程中浪费资金，也可以防止因招聘经费的不足导致工作无法顺利开展。因此，企业做招聘计划时，应当根据自己的实际情况，结合自己的招聘方式、招聘岗位的特点及招聘人数等各方面的因素确定招聘经费预算，以保证招聘工作的顺利进行。

3.2 实战训练

招聘计划的制订主要包括招聘人数、招聘策略、招聘基准及招聘经费四个部分的工作内容,在企业的实际工作过程中,招聘计划的制订工作具体包括确认招聘需求、明确招聘信息、安排招聘流程、制定招聘费用预算及编制相关的招聘文件五个主要内容。本章的实战训练将结合系统具体阐述这五个主要内容的操作,以便学生更好地掌握招聘计划的制订。

制订招聘计划的前期基础工作是人力资源需求预测和岗位分析,因此,在进行招聘方案设计之前,必须根据背景资料填写系统中"招聘需求分析"模块的"人力资源需求预测"和"岗位分析"。

在招聘需求分析内容已完成的基础上,学生单击"招聘方案设计"。招聘方案设计包括招聘需求确认、招聘信息明确、招聘流程安排、招聘费用预算、招聘所需文件,如图3-1所示。学生根据背景资料及在招聘需求分析部分的基础工作,逐步完成这五部分的内容。

图3-1　招聘方案设计

3.2.1　招聘需求确认

招聘需求确认的内容包括申请部门、岗位名称、需求人数、岗位需求、需求等级、岗位要求、薪资建议七部分内容。

1. 招聘需求确认过程

企业各职能部门根据岗位分析结果和工作说明书确定各职能部门的用人需求情况,由部门经理填写"招聘需求申请表"报上级领导及公司领导批准后交人力资源部,人力资源部汇总各部门的招聘需求,编制企业的人力资源需求计划,然后统一进行招聘的组织和实施工作。在这一过程中,企业的人力资源部接到职能部门提交的"招聘需求申请表"后,首先应核查各职能部门现有的人力资源配置情况,检查企业现有人才储备状况,然后决定企业是否通过内部调动来解决人员空缺的问题。若内部调动不能填补空缺岗位,人力资源部将把企业人员需求计划上报公司高层领导,经公司高层领导(一般是总经理)批准后由人力资源部进行外部招聘。

2. 招聘申请表

单击"招聘需求确认",进入招聘需求填写界面,根据岗位分析结果,选择相应岗位,填写招聘申请表。

(1) 申请部门、岗位名称、需求人数根据招聘需求预测得到相关数据,如图3-2所示。

图3-2 申请部门、岗位名称、需求人数

(2) 岗位需求是说明基于什么原因进行岗位的招聘,主要有离职补充、调动补充、人员储备、岗位扩编、临时用工五种情况,根据岗位分析的结果推出岗位需求,如图 3-3 所示。

图3-3 岗位需求

(3) 需求等级主要说明所招聘岗位人员需求的迫切度,包括非紧急、一般、紧急三种程度。学生可结合岗位需求进行分析和选择,因为岗位招聘的原因与岗位需求的紧急程度也有很大的关联,例如,若基于人员储备的原因进行招聘,那么需求等级是非紧急或一般,如图 3-4 所示。

图3-4 需求等级

(4) 岗位要求包括岗位资格、岗位职责和任职要求三部分内容。其中,岗位资格包括性别要求、年龄要求、学历要求、专业要求、经验要求和其他要求六部分内容。这些内容可以依据本岗位的工作说明书结合企业实际情况进行相应的填写,图 3-5 所示为人力资源相关岗位的岗位要求。

一、岗位资格		
1. 性别要求：	男　　女　　√ 不限	
2. 年龄要求：	30 ~ 45	
	ps：最小年龄要求不得小于16；最大年龄要求不得小于最小年龄且不能大于60。没有年龄要求请填"无"。	
3. 学历要求：	大专及以上　√ 本科及以上　硕士及以上　博士　其他	
4. 专业要求：		
人力资源管理、心理学或管理学相关专业，或是对人力资源管理有浓厚兴趣的理工科专业，本科生优先考虑		
5. 经验要求：		
两年以上经验		
6. 其他要求：		
无		
二、岗位职责		
2.参与制定人力资源规划，为公司人力决策提供人力资源建议和信息支持； 3.负责人力资源管理相关项目工作，包括招聘、培训、员工关系、薪酬绩效等各个模块的轮岗锻炼； 4.负责公司劳资人事在政府机关和相关部门的衔接，负责编制对外统计报表； 5.负责办理员工入职、离职、晋升、调职、奖惩过程中的各种手续； 6.处理劳动纠纷和员工投诉。		
三、任职要求		
知识技能：具备人力资源管理知识，熟悉国家地方政策法规，熟练运用人事办公软件，了解基本财务知识，具有行政管理能力。 个人素质：具有一定的判断与决策能力，人际能力，沟通能力，计划执行力，亲和力以及娴熟的人力资源管理工作处理技巧，良好的策划能力，优秀的组织能力和策划能力。		

图3-5　人力资源相关岗位的岗位要求

(5) 薪资建议包括试用期工资、试用期限、转正后工资和合同期限四部分内容。试用期工资和转正后工资这两部分内容结合公司的薪酬制度予以确定，试用期限和合同期限根据公司制度和《中华人民共和国劳动合同法》的规定进行确定，如图3-6所示。

薪资建议	试用期工资：	5000	元，试用期限（ 3 ）个月
	转正后工资：	8000	元，合同期限（ 3 ）年

图3-6　薪资建议

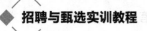

内容全部填写完成后，单击"确定"按钮，形成招聘申请表，查看解析，如图 3-7 所示(以游戏开发程序员为例)。

多米诺游戏有限公司招聘申请表					
申请部门	游戏研发部	岗位名称	游戏开发程序员	需求人数	19
岗位需求	岗位扩编				
需求等级	一般				
岗位要求	一、岗位资格				
^	1. 性别要求：不限				
^	2. 年龄要求：无 ～ 无				
^	3. 学历要求：本科及以上				
^	4. 专业要求： 以软件工程专业为主				
^	5. 经验要求： 有1年以上工作经验者优先，优秀应届毕业生也可				
^	6. 其他要求： 能够适应不定期加班				
^	二、岗位职责（按重要程度由强到弱填写） 1. 负责游戏服务器和客户端架构设计、模块划分； 2. 负责游戏情节和具体细节的策划和设计工作； 3. 负责跟进游戏的最终表现效果； 4. 负责游戏的文字创意、流程设计等工作； 5. 负责游戏的逻辑、AI和工具的开发； 6. 负责协调程序员，原画设计人员完成游戏实现； 7. 制订游戏开发计划，并定期报告游戏开发进度。				
^	三、任职要求（按重要程度由强到弱填写） 1. 熟悉C++/java，了解LUA或者JavaScript或者Node.js语言，了解Skynet引擎； 2. 具备面向对象编程思想，了解Actor模型，了解Reactor模式； 3. 了解进程、协程、线程等概念，熟悉Linux环境； 4. 能够适应不定期加班； 5. 愿意投身游戏研发行业。				
薪资建议	试用期工资： 2500 元，试用期限（ 1 ）个月				
^	转正后工资： 5000 元，合同期限（ 3 ）年				
部门意见				签名：	日期
人力资源部意见				签名：	日期
总经理意见				签名：	日期

图3-7　招聘申请表解析

3.2.2 招聘信息明确

在进行招聘计划的制订过程中，需要进一步明确招聘信息，主要包括招聘渠道的选择、招聘信息的发布时间、招聘岗位的任职资格、招聘岗位的职责四方面内容。单击"招聘信息明确"，根据背景案例，填写招聘渠道、信息发布时间、任职资格、岗位职责等内容，如图 3-8 所示。

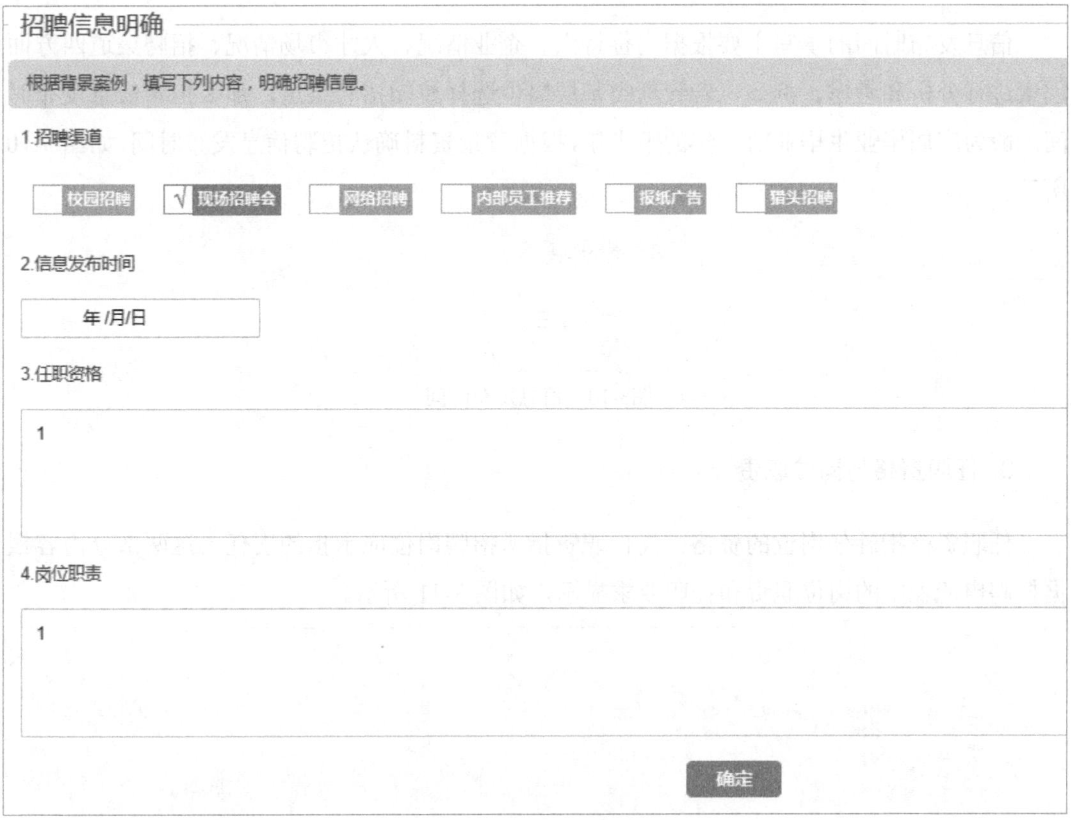

图3-8 招聘信息明确

1. 招聘渠道

招聘渠道包括校园招聘、现场招聘会、网络招聘、内部员工推荐、报纸广告、猎头招聘六种渠道。结合岗位的特点和企业的情况进行岗位招聘渠道的选择，例如，管理类基层岗位可以考虑通过校园招聘的渠道进行，而高层管理岗位则可以选择猎头招聘的渠道进行。根据背景资料，招聘渠道可选择校园招聘、现场招聘会或网络招聘，如图 3-9 所示。

图3-9　招聘渠道

2. 信息发布时间

信息发布时间的填写主要根据岗位特点、企业情况、人才市场情况、招聘渠道四方面因素进行分析和考虑。例如，若管理类基层岗位选择校园招聘渠道，那么招聘信息发布时间一般为应届毕业生毕业前一年的下半年，根据背景资料确认招聘信息发布时间，如图3-10所示。

图3-10　信息发布时间

3. 任职资格与岗位职责

任职资格指胜任岗位的资格；岗位职责指所招聘岗位应承担的责任。这两部分内容根据招聘申请表中的岗位职责和任职要求显示，如图3-11所示。

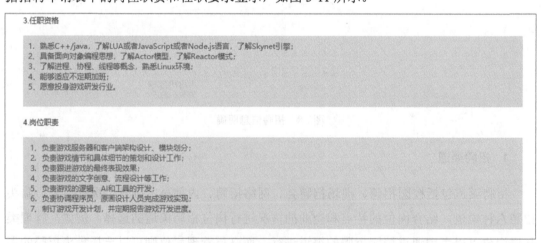

图3-11　任职资格和岗位职责

招聘渠道、信息发布时间、任职资格、岗位职责填写完成之后，单击"确定"按钮，查看解析，如图3-12所示。

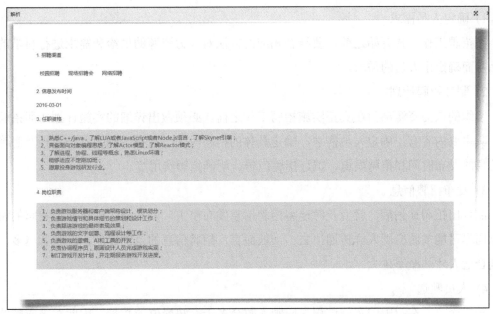

图3-12 招聘信息解析

3.2.3 招聘流程安排

根据背景资料,确认公司的招聘流程。

1. 招聘工作的一般流程

招聘工作的一般流程包括确定人员需求、制订招聘计划、发布招聘信息、人员甄选、人员录用、招聘效果评估六个环节,如图3-13所示。

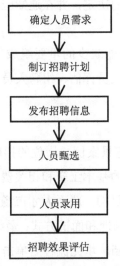

图3-13 招聘工作的一般流程

1) 确定人员需求

在招聘工作正式开始之前,要结合相应的方法对人力资源的供给和需求进行科学的预测,从而确定出人员的需求。

2) 制订招聘计划

组织的人力资源部门在真正实施招聘工作之前,必须做出详细的实施计划,即招聘计划。其主要内容有:确定人员需求、确定具体的招聘时间、选择明确的招聘途径及明确招聘信息的发布时间和招聘渠道、拟订招聘广告、明确招聘费用等。

3) 发布招聘信息

制订出招聘计划后,就应及时地将招聘信息发布出去。发布招聘信息应把招聘的相关信息向尽可能多的应聘人群传递出去。一般而言,招聘信息的范围越广,应聘者越多,招聘到合适人才的概率越大。

4) 人员甄选

一般而言,在招聘的实施过程中应聘人数会多于空缺岗位的数量,因此对来应聘的人员应该进行科学的选拔,即使有时应聘人员少于所要聘用的人数,也要对应聘者是否适合所应聘的职位进行评价,以保证聘用人员的质量。人员选拔的方法很多,包括简历筛选、笔试、面试、能力和测验等,用人单位可以根据实际需要选择。

5) 人员录用

在经过初步简历筛选、笔试、面试等环节的甄选后,便进入做出录用决策阶段。人力资源部门对应聘者各环节的测评成绩进行计算和评定,对应聘者的应聘情况进行综合分析与评价,参照之前所制定的用人标准做出录用决策。对于拟订录用的应聘人员还需进行全面的身体检查,通过体检了解应聘者的身体情况。如果应聘者的体检结果证明会影响未来的工作,用人单位可做出拒绝录用的决定,并在通知应聘者的同时充分说明拒绝理由。

6) 招聘效果评估

招聘效果评估是招聘过程中不能缺少的重要组成部分,这关系招聘的质量和效率问题,一般包括招聘成效评估、录用人员评估、招聘人员的工作评估和招聘活动总结等。

2. 招聘流程安排

单击"招聘流程安排",根据背景案例、岗位的招聘渠道等相关信息,填写岗位招聘流程内容,如:对所有招聘的职位的基本工资和相关费用的核定;制定及发布资料,准备通知单或公司宣传资料,申请办理日期;联系人才市场或张贴招聘通知;人事部门对收到的简历进行筛选;安排面试时间及场地和面试方式;最终确定人员,办理试用期入职手续,合格录用转正手续;签订合同并存档。填完流程后单击"提交"按钮,如图3-14所示。

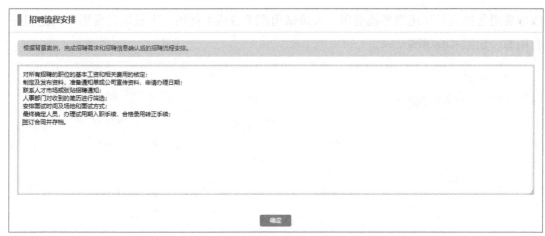

图3-14 招聘流程安排

招聘流程内容提交之后，单击"解析"按钮，查看解析，如图 3-15 所示。

图3-15 招聘流程解析

3.2.4 招聘费用预算

组织制定招聘预算基于对招聘成本的核算和预估，因此，在进行预算的制定时，需要了解招聘成本的内容及成本预算的编制方法和流程。组织的招聘总成本包括招聘成本、选拔成本、录用成本、安置成本、离职成本、重置成本六个方面。招聘成本预算可按招聘阶段的费用情况来编制：招聘准备阶段费用预算，包括会议讨论费、材料制作费、广告费、宣传费、组织招聘会的费用、办公费等；招聘实施阶段费用；录用阶段费用；安置阶段费用。

招聘费用总预算是招聘准备阶段、实施阶段、录用阶段和安置阶段中所出现的招聘费用的总和。在招聘费用预算过程中，学生根据背景资料预算招聘费用。单击"招聘费用预算"，进入招聘费用预算的填写界面，根据系统设置，需填写的费用项目包括招聘渠道费用、招聘办公费用、人员录用成本费用三部分内容，其中，招聘渠道费用包括网络招聘、现场招聘会、校园招聘会、其他渠道四个渠道费用；招聘办公费用包括广告及宣传费用、话务费用、办公用品费用、面试组成员费用、面试接待费用、其他相关费用等内容；人员录用成本费用包括人员试用期考核费用、人员试用期工资成本费用、人员培训费用、其他相关费用等，如图3-16所示。

图3-16 招聘费用预算

1. 招聘渠道费用

招聘渠道费用根据公司招聘渠道的选择进行填写，例如从背景资料中可知，公司招聘选择的渠道有网络招聘、现场招聘会、校园招聘、内部员工推荐、报纸广告和猎头招聘。因此结合各招聘渠道的相关费用进行填写。例如，网络招聘费用预算需根据所进行招聘的网络平台收费制度进行预计，在本项目背景中，其费用为招聘网站A：3800元/年，招聘网站B：3560元/年，招聘网站C：3000元/年，因此网络招聘渠道费用预算为3800+3560+3000=10 360元/年，如图3-17所示。

2. 招聘办公费用

招聘办公费用包括广告及宣传费用、话务费用、办公用品费用、面试组成员费用、面试接待费用、其他相关费用。每项内容根据公司招聘的具体情况进行相应的考虑和设置，如在背景资料中，招聘办公用品购买的单项费用预估为700元/人，那么办公用品费用的预算就为700×招聘人数，如图3-18所示。

费用项目	具体项目费用	费用预算
招聘渠道费用	1. 网络招聘	请输入金额，无该项目支出输入0
	2. 现场招聘会	请输入金额，无该项目支出输入0
	3. 校园招聘会	请输入金额，无该项目支出输入0
	4. 其他渠道	请输入金额，无该项目支出输入0

图3-17 招聘渠道费用

费用项目	具体项目费用	费用预算
招聘办公费用	1. 广告及宣传费用	请输入金额，无该项目支出输入0
	2. 话务费用	请输入金额，无该项目支出输入0
	3. 办公用品费用	请输入金额，无该项目支出输入0
	4. 面试组成员费用	请输入金额，无该项目支出输入0
	5. 面试接待费用	请输入金额，无该项目支出输入0
	6. 其他相关费用	请输入金额，无该项目支出输入0

图3-18 招聘办公费用

3. 人员录用成本费用

人员录用成本费用包括人员试用期考核费用、人员试用期工资成本费用、人员培训费用、其他相关类费用。这些费用项目的填写应结合公司的相关规章制度，如薪酬制度、用工制度等。在背景案例资料中，新员工的试用期工资为 2500 元/人，那么人员试用期工资成本费用即为 2500 元/人×所录用的员工数，如图 3-19 所示。

费用项目	具体项目费用	费用预算
人员录用成本费用	1. 人员试用期考核费用	请输入金额，无该项目支出输入0
	2. 人员试用期工资成本费用	请输入金额，无该项目支出输入0
	3. 人员培训费用	请输入金额，无该项目支出输入0
	4. 其他相关类费用	请输入金额，无该项目支出输入0

图3-19 人员录用成本费用

招聘费用填写完后，单击"确定"按钮，查看解析，如图 3-20 所示。

费用项目	具体项目费用	费用预算
招聘渠道费用	1. 网络招聘	10360
	2. 现场招聘会	35000
	3. 校园招聘会	1080
	4. 其他渠道	2000
招聘办公费用	1. 广告及宣传费用	5000
	2. 话务费用	0
	3. 办公用品费用	2800
	4. 面试组成员费用	4000
	5. 面试接待费用	0
	6. 其他相关费用	0
人员录用成本费用	1. 人员试用期考核费用	0
	2. 人员试用期工资成本费用	115000
	3. 人员培训费用	5690
	4. 其他相关类费用	0
合计		180930

图3-20　招聘费用解析

3.2.5　招聘所需文件

招聘过程中需要岗位说明书、应聘登记表、面试题库、面试登记表等文件资料，通过对招聘所需文件的了解，让学生进一步掌握在招聘工作中常用的招聘文件的内容及设计。单击"招聘所需文件"查阅和了解岗位说明书、应聘登记表、题库、面试登记表等系统所提供的文件资料，如图 3-21 所示。

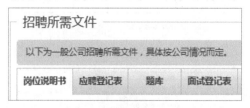

图3-21　招聘所需文件

1. 招聘工作常用文件

为了让招聘工作能够顺利进行，通常在招聘工作正式开展之前需要设计好相关的文件及各种需要的表单，一般情况下，员工招聘工作需要的文件有岗位说明书、面试题目等；需要准备的常用表单有"招聘申请表"(范例见表3-4)、"招聘计划表"(范例见表3-5)、"应聘登记表"(范例见表3-6)等。

表3-4 招聘申请表(范例)

申请部门		岗位名称		需求人数		工作地点	
岗位需求	□离职补充　□调动补充　□人员储备　□岗位扩编　□临时用工							
需求等级	□非紧急　　□一般紧急　□紧急							
岗位要求	一、岗位资格(按要求重要程度由强到弱填写)							
	1. 性别要求：□男　□女　□不限							
	2. 年龄要求：							
	3. 学历要求：□大专及以上　□本科及以上　□硕士及以上　□博士　□其他____							
	4. 专业要求：							
	5. 技能要求：							
	6. 证书要求：							
	7. 其他要求：							
	二、工作职责(按要求重要程度由强到弱填写)							
	1.							
	2.							
	3.							
薪资建议	试用期工资：　　　　试用期限　　个月							
	合同期工资：　　　　合同期限　　年							
	其他：							
	招聘执行人				岗位复试责任人			
部门负责人意见	□同意　□不同意(说明原因) 签名：　　　　日期：				综合管理部意见	□同意　□不同意(说明原因) 签名：　　　　日期：		
副总经理意见	□同意　□不同意(说明原因) 签名：　　　　日期：				总经理意见	□同意　□不同意(说明原因) 签名：　　　　日期：		

表3-5 招聘计划表(范例)

招聘计划表(一)

公司名称:				填表日期:	
招聘职位	招聘人数	专业及学历要求	招聘时间	招聘经费预算	备注
审核人		总经理签字			

招聘计划表(二)

编号:　　　　　　　　　　　　　　　　　　　　　　　　日期:　　年　　月　　日

招聘职位	岗位职责	招聘人数	专业及学历	任职资格	招聘时间	到岗时间	备注
合计							
招聘成本预算							
备注							
人力资源经理				总经理			

填表说明:本表格由人力资源部用于编制人员招聘需求计划。

表3-6 应聘登记表(范例)

应聘职位   年   月   日

姓名		性别		婚否	
籍贯		身份证号			
出生日期		E-mail			
家庭电话		联系电话			
户籍所在地					
现住地址					
亲属姓名	亲属关系	职业	工作单位	联系电话	
教育情况					
时间	学校名称	专业	学历	证件号	
工作经历					
时间	单位名称		所在部门职位	月薪	
担保人	身份证号码		居住地	联系电话	
所属部门	职务		部门领导		
到岗时间					

备注：个人所填资料必须属实，如有虚报一经查实，愿受解雇处分

签名：

2. 系统所提供的招聘所需文件

(1) 岗位说明书的下载和使用：系统中给出的岗位说明书包括岗位名称、所属部门、岗位编号、直接工作上级、工资等级、工作目的、工作要求、工作责任、衡量标准、工作

难点、工作禁忌、职业发展道路、任职资格等内容。这部分内容需要使用的时候可以先单击"下载"按钮，下载空白电子文档，如图3-22所示。下载完成后进行内容的填写，填写完成后直接保存电子文档就形成了该岗位的《岗位说明书》。

岗位说明书					
岗位名称		所属部门		岗位编号	
直接工作上级			工资等级		
工作目的					
工作要求					
工作责任					
衡量标准					
职业发展道路					
任职资格					

点击下载

图3-22　岗位说明书

(2) 应聘登记表的下载和使用：应聘登记表用于收集应聘人员的相关信息，具体内容的设置根据企业的情况而定。系统里的应聘登记表包括求职意向、姓名、性别、民族、政治面貌、身高、婚否、身份证号、固定电话、手机、E-mail、通讯地址、邮编、教育经历、学历、毕业学校名称、专业、就读时间、外语语种、计算机水平、主修课程、业余爱好、获奖情况、学校/社会实践活动经历、家庭成员(包括姓名、与本人关系、单位名称、职务、联系电话)、个人评价等内容。这部分内容需要使用的时候可以先单击"点击下载"按钮，下载空白电子文档，如图3-23所示。下载完成后进行内容的填写，填写完成后直接保存电子文档就形成了"应聘登记表"。

(3) 题库的下载和使用：题库即为招聘工作中笔试和面试环节用来选拔应聘者而提前准备的题目。具体题目的设计根据所招聘的岗位要求及公司的具体情况而定。系统中所设计的题目包含笔试题库和面试题库。这部分内容可以先单击"点击下载"按钮进行题库的下载，如图3-24所示。下载完成后直接保存电子文档就形成了公司的笔试题库和面试库。

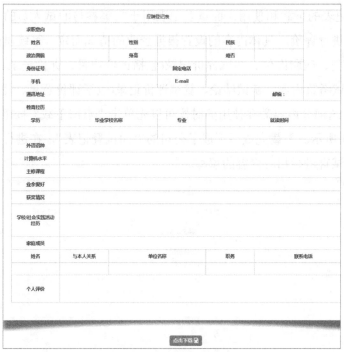

图3-23　应聘登记表

面试题库
1. 请你自我介绍一下你自己
2. 你觉得你个性上最大的优点是什么？
3. 谈谈你的缺点。
4. 请你说说在以前的工作上成功与失败的地方？
5. 你觉得_____这个职业有发展前途吗？
6. 企业究竟需要具备什么素质(能力)的人员？
7. 请谈一下你对我公司的看法，你为什么想来我公司工作？
8. 关于我们的产品生产线和我们的客户群体，你了解多少？
9. 在工作中，与上级意见不一致，你将怎么办？
10. 若受到奖励，你有什么感想？
11. 你在找工作时最重要的考虑因素是什么？
12. 你能谈谈你的一次失败经历吗？
13. 如果我们录用你，你将怎样开展工作？
14. 您在前一家公司离职的原因是什么？
15. 我们要怎样相信你是这个工作最好的人选呢？
16. 请问你有什么样的工作观？
17. 空闲时喜欢什么消遣？
18. 你有哪些兴趣爱好或资格证书？
19. 你的好朋友怎样形容你？
20. 你最典型的一个工作日是怎样安排的?
21. 你还有什么问题要问吗？

图3-24　题库

(4) 面试登记表的下载和使用：面试登记表用于收集参与面试人员的相关信息及给面试官对面试人员进行评价，具体内容的设置根据企业的情况而定。系统里的面试登记表包括姓名、应聘部门、应聘岗位、初试评价记录(包括评价项目、评价记录、评价说明)、总体评价、建议复试考察内容、初试结论、复试评价记录(包括评价意见、复试结论、分管副总意见)等内容。这部分内容需要使用的时候可以先单击“点击下载”按钮，下载空白电子文档，如图 3-25 所示。下载完成后形成了公司的“面试登记表”，在进行面试之前发给参与面试人员和面试官进行相应内容的填写。

面试登记表					
姓名		应聘部门		应聘岗位	
初试评价记录					
评价项目	评价记录				评价说明
总体评价					
建议复试考察内容 评价意见	面试官签名：				
复试结论	□建议录用____岗位 □可以试用 □不予考虑				
分管副总意见	签名： 年 月 日				

点击下载

图3-25 面试登记表

第 4 章 人员招募

人员招募作为招聘实施工作的第一阶段,本章将基于招聘计划的制订,重点介绍人员招募中常用的招聘途径及招聘渠道的相关内容,便于读者进行对比和选择。

4.1 知识要点

招聘工作的实施是招聘活动最为关键的环节之一,主要包括招募、甄选和录用三个步骤。其中,招募是整个招聘工作开始实施的第一阶段,好的招募方式有利于顺利开展甄选和录用等后续招聘工作。本节主要介绍人员招募的内涵、内部招聘和外部招聘的概念、优缺点等基础知识,为人员招募渠道的选择提供理论支持。

4.1.1 人员招募的内涵

人员招募是指为了达到良好的招聘效果,组织依据招聘计划所确定的招聘要求及招聘策略,选择合适的招聘方式和招聘渠道,吸引适合招聘岗位的应聘人员的过程。招募阶段的工作是为人才甄选工作的开展做准备的,因此其主要目标是吸引足够多的合格应聘者,以便于更好地开展甄选工作。总的来说,招聘主要有内部招聘和外部招聘两种途径,分别有多种招聘方式和招聘渠道。一般来说,应聘者会通过不同的方式和渠道了解招聘信息,组织若想吸引符合要求的人员，在进行人员招募时则要根据所要招聘的岗位选择合适的招聘方式及招聘渠道。

4.1.2 内部招聘

内部招聘这一途径目前在各类组织机构中都得到了普遍的使用。根据调查显示，多达90%的管理职位人才都是通过内部招聘的途径获得的。

1. 内部招聘的概念及原则

内部招聘是指当组织出现空缺岗位时，人才的选拔优先考虑组织内部员工的方法。当组织采用内部招聘时，一旦出现职位空缺，在组织内部便会把职位空缺的信息通过各种方式向全体员工公开，并招募符合职位要求的合适人选来填补空缺。为了使内部招聘更为有效，在实施内部招聘时应遵循以下几个原则。

1) 机会均等

内部招聘的信息应该覆盖组织内部的全体员工，应当让组织内部的每一个员工都清楚空缺职位的相关内容，具体包括工作职责和任职要求、时间等，从而使所有符合条件的员工都有获得该职位的机会。

2) 任人唯贤唯才

在进行内部人才的筛选时，应该以"贤"和"才"作为选拔的客观标准，杜绝任人唯亲或裙带关系的滋生，才能确保将合格的优秀人才选拔到发挥才干的岗位。

3) 激励员工

无论是通过内部招聘的何种渠道进行内部人才的甄选，如将优秀员工提拔到更高的职位上，或者通过内部竞聘将员工安排到更适合的岗位，这些都应给员工传递一种信息，即只要努力工作，不断地提高工作能力，那么就会在组织内获得更大的发展平台和发展空间，从而有效地调动员工的工作积极性，起到激励的效用。

4) 用人所长

在进行内部招聘时，应该经过公平的竞争、科学的考核、严格的筛选等方式将最合适的人选拔到空缺的岗位上，确保被选拔出来的员工能完全胜任该岗位，并使他们能充分地将自己的特长发挥出来，进而调动员工的工作积极性。

2. 内部招聘的优点

内部招聘主要具有以下优点。

1) 提高了招聘成功概率

由于内部招聘中的应聘人员本身就是组织内部员工，其在组织中已经工作了一段时间，组织对其的熟悉程度必然高于外部招聘的应聘人员。内部招聘的应聘人员在组织中工作的时间越长，组织对其各种情况包括工作能力、工作业绩、性格特点等的了解就越深。因此，这大大提高了成功确定适合岗位人选的概率。

2) 对其他员工树立榜样力量

提拔晋升是内部招聘中最为常见的一种方式，这种方式能够提供给员工以晋升职位的机会，促使员工跟随组织的成长而成长，这一方式很容易鼓舞员工士气，让组织内部形成上进、积极的氛围。此外，得到晋升的员工本身可以作为其他员工努力的榜样，具有明显的激励效果。

3) 员工忠诚度得到提高

内部员工通过内部招聘获得聘用或提拔，这一举措本身就是对该员工各方面素质和水平的认可和肯定，因此，他们会跟随组织的成长而成长，将自身紧紧地与组织联系起来，从而提高对组织的忠诚度。

4) 招聘成本低

内部招聘的实施由于在企业内部进行，招聘范围小，节省了招聘成本。同时还可以省去一些不必要的培训，培训成本得到节省。此外，由于内部招聘人员的忠诚度相对较高，减少了人才流失的可能性，进一步降低了人才流失和人员重置成本。

5) 员工适应性强

内部招聘的员工由于是组织现有的内部员工，比外部招聘进来的人员更熟悉组织各方面的情况，因此，他们能更快地熟悉和融入新的岗位和新的工作，缩短适应时间。

3. 内部招聘的缺点

内部招聘虽然有许多优点，但同时也存在一些缺点和不足。

1) 容易缺乏创新思维

组织内部招聘的员工一般具有较多的共同思维模式，容易形成固定的思考和行为模式，这种模式很容易使组织失去活力，也容易阻止企业变革创新。为了克服这一现象，以内部招聘为主要招聘方式的组织应该重视外部培训，通过培训促使员工打破固化的思维，接受新思想和新观点，进一步增加组织的创新能力，增强组织的活力。

2) 可能造成内部矛盾

在内部招聘的过程中不可避免地会产生竞争，在竞争中成功的员工固然会得到鼓舞和激励，但与此同时，竞争失败的员工可能会产生心理失衡、不满甚至心灰意懒，从而引起组织中的士气低下，增加员工的消极情绪。此外，内部招聘还可能导致组织当中部门与部门之间发生"挖人才"的现象，不利于组织内部团结和部门之间的协作。

3) 新主管不容易建立声望

在内部招聘中，新上任的主管来自同级员工，彼此都比较熟悉，因此，当新主管开展工作时，容易受到曾经跟大家是平级的情感束缚，不容易开展工作，也不利于其他人对其产生领导的声望。

4) 容易缺乏公平公正

以内部招聘为主要招聘方式的组织，由于招聘的都是之前认识的人，因此，在招聘过程中会出现对应聘者的刻板印象，以长期的人际印象影响选拔的公平性和公正性，严重的甚至会造成任人唯亲的现象。另外，这种方式也难免会使员工之间的"帮派"日益增多，关系也日益复杂，不利于企业的发展。

5) 对企业产生"涟漪效应"

当采用内部招聘的途径填补中高层职位的空缺时，容易引起企业内部一连串的人事变动，这种现象被称为"涟漪效应"。涟漪效应对企业最大的影响就是表面上每个人都有机会，同时每个人都有可能在竞争中失败。这不仅可能导致许多人不能安心工作，而且也会造成许多人因为心态不平衡而影响工作，从而给企业整体工作带来负面影响。

6) 失去选取外部优秀人才的机会

一般情况下，外部招聘比内部招聘的优秀人才资源更多，如果一味青睐内部员工，减少外部人员进入本组织的机会，表面上节约了成本，实际上浪费机会成本，使企业错失外部的优秀人才。

4．内部招聘的方式

内部招聘的方式有很多，在组织中主要有晋升提拔、人员重聘、工作调换、工作轮换四种。

1) 晋升提拔

晋升提拔是内部招聘常用的方式之一，通过晋升提拔给员工升职、发展的机会，这样的方式对员工而言能起到很好的激励效果。此外，由于提拔的人员均为组织内部员工，因此对组织的各项规章制度和工作流程及工作环境都比较熟悉，适应性较好。然而，这一方式也容易导致落选的员工产生心理落差。针对这些情况，很多组织通常会采用内部和外部两种方式进行招聘来填补空缺。

2) 人员重聘

有些组织由于某些原因会有一些下岗人员、长期休假人员或人已离开本组织但关系还在本组织的人员等。在这些人员中，有的人员素质较高，恰好是符合内部空缺职位的需要，重新聘用这些人员会使他们拥有再为组织效力的机会。另外，组织对这些人员的再次聘用也可以减少培训方面的费用。

3) 工作调换

工作调换在组织中属于平级调动的一种方式，当组织内部有职位空缺时，将平级职位的员工调过来进行岗位的填补。虽然工作调换的主要目的是填补空缺，但通过工作调换还可以起到增加对其他部门工作和其他员工的了解的作用。

4) 工作轮换

相比工作调换而言，工作轮换最大的不同在于工作轮换的时间比较短，而且相比工作调换的临时性和单独性，工作轮换则是有计划进行的，轮换的岗位在两个以上。通过工作轮换增加员工了解不同岗位工作的机会，给有潜力的员工提供以后有可能晋升的条件，同时也可减少部分员工由于长期从事某项工作带来的厌倦和枯燥等感觉。

4.1.3 外部招聘

除了内部招聘这一途径之外，很多组织也采用外部招聘的途径来填补人员的空缺。

1. 外部招聘的概念及原则

外部招聘是组织提前制定出选拔的标准和程序，并以此作为依据，从组织外部的应聘人员中选拔出符合空缺岗位要求的人员。一般情况下，组织在内部招聘不能弥补空缺职位时，通常采用外部招聘来填补空缺。

在使用外部招聘时应该注意遵循以下原则。

1) 公正公平原则

由于外部招聘的应聘者众多，在进行招聘时公平公正尤为重要。为了选拔出真正符合岗位要求的人才，应该让每位应聘人员都有相同的机会展示自己，这样才能避免合适的应聘者因为人为因素而失去机会。这对招聘人员提出了较高的要求，他们必须排除一些性别歧视、个人成见、主观偏见等因素的影响，在招聘中真正做到公正公平。

2) 适用原则

招聘人员应熟悉所招聘职位任职资格的情况和条件，认真选择适合职位的人员，使所招聘的人员真正适合并胜任这项工作。在外部招聘过程中，尽量要避免以下几种情况：①所录用的人员并不具备担任该职位的能力；②对人才的要求盲目追求高文凭、高学历，很多组织的招聘要求本科或研究生以上学历，使许多虽然没有正式学历文凭却有较强的实际工作能力和经验的人才无法获得应聘机会；③盲目追求优秀人才，录用能力超出职位要求很高的应聘者，这会导致人员稳定性降低的风险。这些情况的发生会加大组织招聘的难度和工作量，并增加员工招聘、培训、录用的费用。因此，在外部招聘中要做到适用原则。

3) 真实客观原则

在进行外部招聘时，面对对本组织并不熟悉的外部应聘者，招聘人员应该要客观地向应聘者介绍组织的相关情况，这有助于应聘者与组织形成正确的心理契约。一般来说，招聘人员为了吸引更多的人来应聘，在介绍组织时往往只说好的方面，把不足或欠缺的地方隐藏起来，这样反而会导致应聘者产生过高的期望值，当与实际情况对照时，会引起落差和失望，甚至会产生被欺骗的感觉，使新进人员的保留率低下。

4) 沟通与服务原则

外部招聘是组织与外部的互动过程，组织在这个过程中不仅获取应聘者的个人信息，而且也将组织的相关信息传递给应聘者，因此，这一招聘过程实际上也是应聘人员通过招聘人员了解组织的一个过程，由此可见，招聘人员的形象、谈吐、待人接物，以及其所传递的组织信息，不仅能间接地对应聘者的签约情况产生影响，也能让应聘者对组织留下相应的影响。

2. 外部招聘的优点

外部招聘作为组织进行招聘的重要途径，它的优点主要体现在以下几个方面。

1) 人才选择空间大，范围广

由于在组织的外部有非常广阔的人力资源市场，外部招聘可以使组织在进行招聘时拥有更为广泛的选择范围和更大的选择空间，这有利于组织经过制定的考核与评价程序，在更多的候选人中发现较为符合职位要求的人选。

2) 为组织注入新鲜"血液"

由于组织内部员工长期工作在同样的环境下，容易产生乏味和厌倦，通过外部招聘录用外部人员进入组织工作，可以给原有员工带来新鲜感，给组织注入新的生机和活力，进而激励原有员工更好地工作。

3) 更容易避免偏见和便于管理

相比较内部招聘的员工，管理组织外部招聘进来的员工，更容易避免由于原有的人际关系和工作绩效等因素带来的主观偏见和刻板印象，更容易做到平等对待，一视同仁，进而减少管理上的困难。

4) 为组织带来新思想和新技术

通过外部招聘进入组织的员工，由于其在外部的经历而产生的与组织内部不同的技术和思想，他们有可能给组织带来新颖的见解、观点、思想和技术，为组织的创新及改革带来新的力量。

5) 增加组织的影响力和宣传

由于外部招聘会借助各种外部渠道对招聘信息进行宣传，因此，外部招聘也是很好的组织宣传的机会。组织通过外部招聘渠道，可以利用直接接触众多应聘者的机会，扩大组织在公众的影响力，树立和宣传组织的良好形象。

3. 外部招聘的缺点

外部招聘的缺点一般表现在以下几个方面。

1) 招聘成本和费用高

外部招聘通常借助于各种宣传渠道和广告媒体，并且招聘的相关准备材料需要由专业人员来完成。由于对应聘者不了解，招聘部门需要通过收集应聘者的个人资料来了解应聘者，同时，在对应聘者进行测试时，需制定较为严格的程序和评定标准。这些都增加了外部招聘的成本和费用。

2) 影响原有员工的积极性

通过外部招聘来填补某个空缺职位，有可能会使在组织内部认为能胜任此职位的在职员工产生挫折感，从而影响其工作积极性，如果所招聘录用的人员在实际工作中不能满足职位的要求，往往会让组织内部员工产生消极情绪和不满情绪。

3) 评估有潜力的候选人较为困难

由于组织在外部招聘时接触的是许多陌生的应聘者，仅通过有限的资料、考核及测试很难对他们的才学、能力、潜力等方面做出全面评价。而且任何一种外部招聘渠道的覆盖面都是有限的，同时大多数组织的外部招聘都有较严格的时间限制，这进一步增加了有效招聘的难度。

4) 需要较长时间的培训和适应

由于外部招聘的员工一般通过招聘广告和招聘人员的介绍来了解和认识组织，他们获得的组织信息和职位信息都是非常有限的，因此，为了让他们更好地适应工作，需要较长时间的培训和适应过程。

4. 外部招聘渠道

组织常用的外部招聘渠道主要有媒体广告、人才交流服务机构和人才招聘会、网络招聘、校园招聘和员工推荐五种。

1) 媒体广告

媒体广告招聘渠道主要是指通过报纸杂志、广播电台、电视等相关媒体宣传招聘广告，向公众进行招聘信息的传递，其具有范围广、传播速度快等特点。这三种媒体对比而言，报纸、电视费用较高，优点是比较醒目；而广播电台费用较少，但效果不及报纸、电视。

媒体广告这一渠道除了具备范围广、传播速度快的优点之外，还具有应聘人数多、应聘人员层次丰富的好处，这会增大组织对人才的选择余地，使组织更有可能招聘到素质较高的员工。这一渠道的缺点是：广告费用较高；招聘时间较长；筛选时间长。

2) 人才交流服务机构和人才招聘会

人才交流服务机构目前十分常见，而且遍布全国各地，这些机构一般都建有人才资料库，企业通过人才资料库可以非常便捷、高效地查询到符合招聘要求的人才资料，因此，这些机构常年为各种企业提供服务。通过人才交流服务机构寻找到企业适合的人才，不仅针对性较强，而且费用相对较低。

除了可以提供人才资料库之外，人才交流服务机构每年都会举办多场人才招聘会，而这些人才招聘会则为企业和应聘者提供了一个面对面直接沟通交流的平台。人才招聘会的最大优点是应聘者可以通过这个平台集中在一起，使企业可以集中挑选人才，同时费用较合理，而且还可以起到很好的企业宣传作用。

3) 网络招聘

网络招聘是一种新兴的招聘方式，它主要通过网络这一媒介进行招聘。它的优点主要有信息传播速度快、覆盖面广、方便快捷、时间周期长、费用低、供需双方选择余地大等。企业可以将招聘的相关信息发布在自己的网站上，也可以选择在一些专门的招聘网站上发布。网络招聘由于不受时间、空间的限制及具备众多的优点而被广泛采用。与此同时，这一招聘渠道也存在着一些不足，如筛选手续繁杂，容易鱼目混珠，以及较难找到合适的高级人才等。

4) 校园招聘

学校作为人才培养之处，自然是人才高度集中的地方，是组织获取人力资源的重要来源之一。对于应届毕业生的招聘可以直接在对应的大中专院校的校园内进行，具体方式包括校园专场招聘会、毕业生分配办公室推荐、进行招聘宣讲及招聘广告张贴等。

校园招聘由于针对的是应届大学毕业生，因此组织可以通过校园招聘获得大量的高素质人才，同时，大学生具备巨大的发展潜力，此外，大学生的思想非常活跃，可以给组织带来一些新的管理理念和新的技术，有利于组织的长远发展，这些都是校园招聘的优点所在。

然而，应届毕业生普遍没有工作经验，同时应届毕业生刚出校门，需要一段从学生到社会的适应期，而且校园招聘所花费的时间也较多。另外，由于有些大学毕业生尚不清晰自己的定位和未来，会导致离职率较高的现象出现。

5) 员工推荐

员工推荐是指组织内部人员介绍和推荐职位申请人到组织中。它实际上是在组织内、外部之间通过内部员工建立起一座桥梁，通过内部员工以口头方式传播招聘信息，将组织外部的人员引入组织适当的职位中。与其他外部招聘渠道相比，由员工推荐进入的应聘人员相对较稳定。因为内部员工向应聘者提供的组织资料和职位信息比较客观、全面；受聘者与职工关系较密切,因此比较熟悉组织的相关情况,能快速适应组织的环境。

4.2 实战训练

人员招募主要是通过各种招聘渠道,运用相应的招聘流程和环节,将合适的人招纳进企业合适的岗位上。其中招聘广告的设计和发布、招聘渠道的选择及招聘流程的设计是人员招募中非常重要的工作。因此本章的实战训练将在系统内容的基础上对招聘广告编制、内外部招聘流程的设计进行具体的阐述,以方便学生更好地掌握这部分内容。

4.2.1 招聘广告设计

一般而言,组织设计一份好的招聘广告想达到的目的至少有两个:一是吸引企业所需人才;二是宣传企业的价值观与形象。招聘广告应根据招聘岗位的要求和选择的广告媒介为依据进行撰写,以有效保证招聘广告的效果。因此,学生们需要掌握招聘广告的设计要求和所包含的内容。

1. 招聘广告的设计要求

招聘广告的设计应达到四条要求:吸引注意、激发兴趣、创造愿望、促进行动。

1) 吸引注意

招聘广告设计的总体效果即要吸引注意。在众多媒体上展示的广告数量太多,如果广告制作不够有亮点和有自己的特色,那么就很容易被淹没在其他广告中,无法引起应聘者的注意。因此,招聘广告应该通过醒目的字体、与众不同的色彩、显眼的位置等方式来吸引注意。同时,企业最具吸引力的地方是招聘广告中最醒目的内容,如企业的标识、名字、招聘的职位、待遇条件、工作地点等。

2) 激发兴趣

激发兴趣即通过具有煽动性的广告词来引起广大求职者对工作的兴趣,例如,"你将步入一个前景无限的行业""你将投身于一项富有挑战性的工作"等,也可以通过其他具有吸引力的内容来实现,如工作地点、丰厚的报酬等。

3) 创造愿望

招聘广告不仅要激发求职者的兴趣，而且要促使求职者有得到工作的愿望。这可通过针对应聘者的需求，列举组织能够提供满足需求的条件，如工资、福利、职位、培训机会、晋升空间、住房条件等来达到。

4) 促使行动

招聘广告要向应聘者提供联络方法，包括联系电话、通信地址、公司的网址等，同时用一些煽动性的话促使应聘者迅速采取行动，如"招的就是你""请尽快递交简历""期待您的加入"等。

2. 招聘广告的设计内容

招聘广告的内容主要由招聘广告题目、企业信息、招聘职位信息、需要应聘者提供的资料信息、时间信息、联系方式六方面内容组成，具体内容如下。

(1) 招聘广告题目：企业招聘广告题目大多以"诚聘""高薪诚聘""×××公司人员招聘"等招聘广告题目字样出现。

(2) 企业信息：招聘广告中应该简明概括地介绍企业的信息，运用简洁的语言总体介绍企业的主要信息，包括企业全称、性质、规模、主营业务、行业地位、发展理念等内容，并将企业最具竞争力的优势展示出来，必要时可以附上企业的网站。

(3) 招聘职位信息：招聘职位信息是招聘广告的核心内容。招聘广告中的职位信息一般包含职位性质、类别、岗位职责、任职资格、薪资福利等多方面内容，其中岗位职责描述和任职资格是职位信息中的核心内容。

(4) 需要应聘者提供的资料信息：包括应聘者的简历、学历证书、身份证、相关资格证书、照片等。

(5) 时间信息：包括招聘活动的截止时间、安排面试的大概时间信息、招聘联系人及联系方式。

(6) 联系方式：一般包括联系电话、地址、网址、传真、电子邮件地址等内容。

其中，招聘广告题目、招聘职位信息、联系方式是招聘广告必须包含的内容，其他内容由招聘人员视情况进行选择和取舍。

3. 招聘广告设计

1) 广告设计模板

单击"招聘广告设计"，进入招聘广告设计的界面，根据背景资料，设计一份招聘广告。学生可选择"插入模板"或"自主设计模板"。模板内容包括公司的基本情况、招聘的职位、人数、基本条件、招聘范围、薪资待遇、报名信息和其他，如图4-1所示。

图4-1 招聘广告设计

填写完整之后单击"提交"按钮，查看解析内容，如图 4-2 所示。

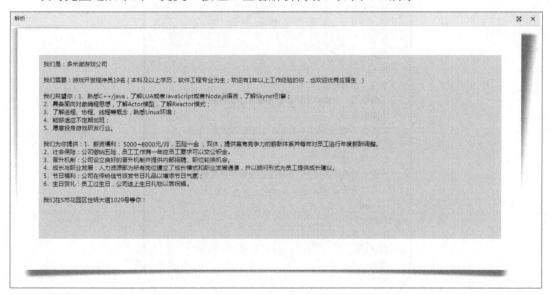

图4-2 招聘广告设计解析

2) 自主设计

如果是自主设计模板，参考范例如图 4-3 所示。

```
诚    聘
××网络科技有限公司是国内优秀的Internet软件
开发商，主要从事网络安全软件产品开发及跨平台分
布式异构网络环境下的软件开发。经××市高新区人
才交流服务中心批准，特诚招精英人士加盟。
职位：测试工程师(人数：4 名；工作地点：总部)
任职资格：
1.计算机及相关专业本科以上学历；2.全面的软件技术
知识；3.有较丰富的数据库及网络知识与经验；4.参加
过大型软件系统的开发；5.两年以上软件开发/测试/支
持/维护经验。
工作职责：
1.编写测试计划及测试用例；2.进行集成测试和全面测
试；3.为公司提供项目测试报告。
人事政策：
1.资助攻读在职博士；2.由公司提供住房信贷担保；
3.签订自由期限劳动合同；4.员工持股计划；5.提供优
厚的福利保障。
有意者请将个人简介、学历证明复印件及其他能证明
工作能力的资料送至(或 E-mail)公司人力资源部
(E-mail：       )。
总部地址：
电话：
传真：
邮编：
Web：
职位：销售经理
工作职责：负责安全产品的区域或行业销售活动。
人事政策：
1.资助攻读在职博士；2.由公司提供住房信贷担保；
3.签订自由期限劳动合同；4.员工持股计划；5.提供优
厚的福利保障。
有意者请将个人简介、学历证明复印件及其他能证明
工作能力的资料送至(或 E-mail)公司人力资源部
(E-mail：       )。
总部地址：
电话：
传真：
邮编：
Web：
```

图4-3 招聘广告自主设计范例

4.2.2 招聘流程设计

人员招募不管是采用内部招聘还是外部招聘，均需要通过一定的招聘流程，因此招聘流程的设计作为招聘工作中的一个重要部分需要学生重点掌握。以下为内部招聘流程范例，如图 4-4 所示。

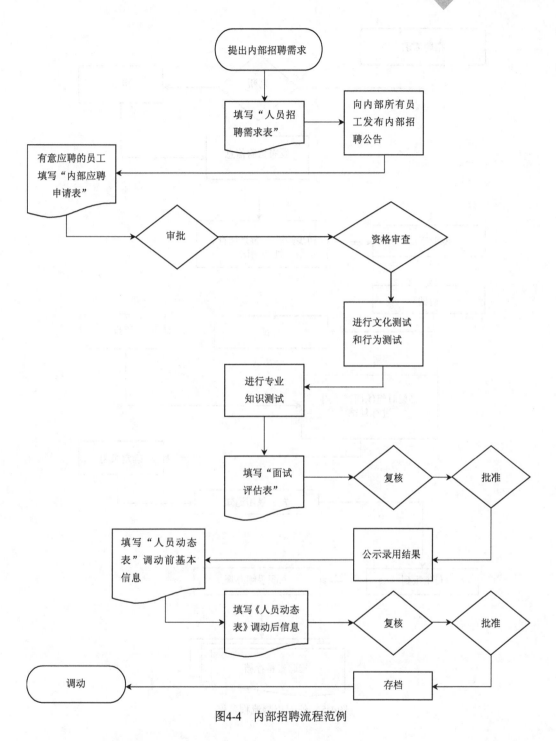

图4-4 内部招聘流程范例

以下为外部招聘流程范例,如图4-5所示。

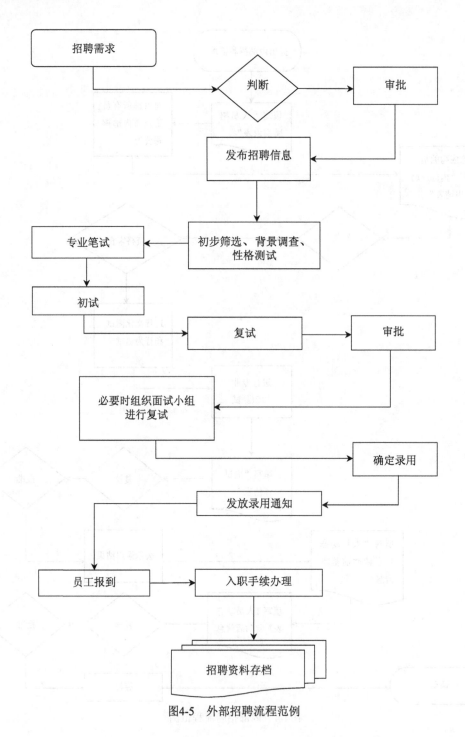

图4-5 外部招聘流程范例

第 5 章

人员甄选

人员甄选是企业招聘人员在做出最终录用决策之前的重要环节。本章主要从理论知识讲解和实战训练两部分对人员甄选做出介绍,希望理论结合实际,让学生对员工甄选有深入理解和认识。理论知识部分主要简介人员甄选的内涵和甄选的主要方法,具体包括:人员甄选的概念、内容、流程,甄选应把握的问题,简历筛选、笔试、面试、无领导小组讨论、公文筐测试、角色扮演等。实战训练部分以系统案例为基础,围绕甄选的具体方法展开步骤详解。

5.1 知识要点

学习人员甄选的基本理论是进行实操的前提,本节简要介绍人员甄选的概念、内容、流程,甄选应把握的问题等基础知识,并对求职者简历的筛选、候选人员笔试、员工面试、评价中心技术等在人员甄选时所常用的方法进行全面和系统的梳理。

5.1.1 人员甄选的内涵

求职者的技能知识水平、个性特征、行为方式和个人价值观导向等因素决定他们对工作的胜任程度和任职资格,人员甄选即是对候选人的以上几方面进行综合测评的过程。

1. 人员甄选的概念

招聘中的人员甄选是指在企业战略目标和人力资源规划指引下，企业的招聘人员综合利用管理学、统计学、心理学、人力资源管理、组织行为学等多门学科的理论、技术和方法，对求职者的任职资格进行综合考量，并借此了解求职者对职位的胜任程度，对其工作匹配程度进行客观和全面的判断，从而决定是否录用该候选人的过程。人员甄选需要运用恰当的方法对已经招聘出的候选人进行比较和考评，区分和甄别候选人的人品、性格特点、知识水平、能力及技能，进而借此预测候选人未来的工作绩效表现，最终筛选出符合企业当下或未来需求的职位空缺填补者的过程。

2. 人员甄选的内容

人员甄选的具体内容主要有知识、能力、个性、动力因素等几个方面。

1) 知识

知识一般指的是系统化的信息，通常可以分为普通知识和专业知识。所谓普通知识即人们所谓的常识，大部分人都应该或者可以了解到的信息；而专业知识则是针对特殊目的或工作中的特殊职位所要求从业者必须掌握的某些特定信息。在企业员工甄选时，专业知识通常占有主导地位，求职者所拥有的学历证书和一些专业资格证书可以证明其具备的专业知识的深度与广度。人们对知识的掌握通常可以分为记忆、理解和应用三个不同层次，员工能够学以致用将所学知识运用到企业实际工作中，才是企业真正需要的人才。所以，人员甄选时不能仅把学历当作唯一依据来判断求职者掌握知识的程度，而是还要结合笔试、面试等多种方式进行综合考察。

2) 能力

能力属于个人心理特征之一，具有持久性的特点，可以引起不同个体之间的绩效差异。通常可以将能力分为一般能力和特殊能力。一般能力指的是人们在不同活动中所表现出来的某些共同的心理特征，如想象力、记忆力、注意力、观察力、思维能力、操作能力等，这些一般能力是员工完成任何工作都不可或缺的本领。特殊能力则指的是人们在一些特殊场合或活动中所表现出来的心理特征，例如，飞行员需要具有良好的空间定向能力；管理者需要具有较强的人际沟通、组织领导等专业技能。

3) 个性

不同的人在为人处事方面总会有自己与众不同的风格特点，也就是所谓的个性体现。个性通常指的是人们内在相对稳定的一组特征，这些特征一般决定某位特定成员在诸多不同情境下的具体行为表现，个性与员工业绩和工作绩效密切相关。企业里衡量员工个性特征的方式通常是采用自陈式量表法或投射量表法进行。

4) 动力因素

员工要在工作中取得良好的绩效表现，不仅取决于其具备的知识和能力水平，还取决于他是否具有做好这项工作的强烈意愿，也就是说他是否有足够的动机和能力促使自己努力工作。在动力因素中，最重要的是价值观，也就是员工对于工作或生活的是非判断标准，及其遵循的行为准则。拥有不同价值观的员工对于不同企业文化的融合程度也是不一样的，进而企业所采用的员工考核和激励系统对不同员工的作用效果也就有所不同。因此，企业在员工招聘时，需要对求职者价值观在内的动力因素进行甄别。一般通过问卷调查法来测量动力因素。

3. 人员甄选应把握的问题

人员甄选是一个谨慎的过程，在其中需要注意整个过程是否合情合理，下列是在具体甄选时，考官应该注意的程序问题。

(1) 人员甄选要以有效的顺序进行排列。

(2) 人员甄选要能提供清晰明确的决策节点。

(3) 人员甄选要确保能够提供用以确定求职者可以胜任某一空缺职位的充分信息。

(4) 人员甄选要能够防止了解求职者背景信息时出现某些意外重复。

(5) 人员甄选要能够突出求职者简历或背景信息中重要的部分。

(6) 人员甄选应该防止在提供企业和员工以往的工作信息时出现某些不必要重复。

4. 人员甄选的流程

人员甄选是一个完整的系统的过程，其涉及简历筛选、笔试、面试、评价中心技术(无领导小组讨论、角色扮演、公文筐测试)等多个方面，具体方式和方法的选用又需要根据不同行业、公司和岗位特点进行选择(如技术人员一般会增加笔试内容)，图5-1所示为人员甄选的大致流程。

对于最终被录用的员工而言，一般甄选的流程如下。

(1) 筛选求职者简历和应聘文件。

(2) 进行笔试和面试。

(3) 对相关材料进行审核。

(4) 确定录用人员和备选人员。

(5) 进行入职前体检。

(6) 签署试用保证书。

(7) 对试用期表现情况进行考核。

(8) 决定正式录用。

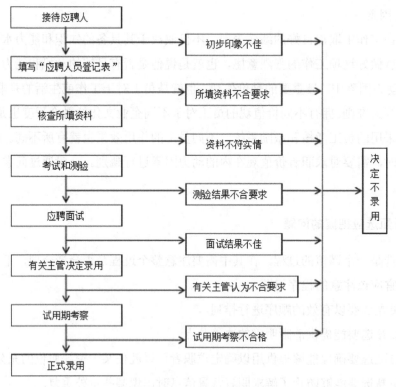

图5-1 人员甄选流程

5.1.2 人员甄选的主要方法

企业人员招聘一般会用到的方法主要包括简历筛选、笔试、面试、评价中心技术等，其中评价中心技术是当今企业在人员甄选时最常用的方法之一，具体有无领导小组讨论、公文筐测试和角色扮演等技术的综合运用。大中型企业在招聘员工的时候一般都有自己一系列相对正规的流程和程序，具体而言，可分为五个阶段：简历筛选、笔试、初次面试、高级经理面试和最后的 Offer。

在所有的人员甄选方法中，简历筛选和笔试、面试是最基本的几种选拔方式，几乎会被所有公司以高频率使用。

1. 简历筛选

选育用留的第一步是选人，选人的第一步是简历筛选，从事招聘工作的 HR 应该掌握必备的简历筛选技能。

1) 概念

简历，顾名思义即简明扼要的经历，通常是指求职者以"一页纸"的书面形式来展示的个人基本信息、教育学习经历、工作经验、特长爱好及其他相关情况等信息的文件。简历是一种有针对性的自我介绍，一般需要进行规范化、系统化和逻辑化的书面表达。对于求职者而言，简历是找到满意工作的"敲门砖"。简历是求职者用于应聘的书面沟通与交流材料，它可以向未来雇主展示自己所具备的可以满足企业特定职位要求的技术、能力、态度、资格和自信心，好的简历就是一件推销自己的利器，它以书面形式向未来雇主表明员工自身能够解决企业相关问题或满足企业特定需求。

简历筛选是通过招聘简历、招聘申请表、应聘者推荐资料等信息来考察和选拔人才的方法。简历筛选一般只是依据求职者提供的个人基本信息及相关背景材料，进行人员招聘过程中的初步选拔，因而必须与其他选拔方法结合使用，才能取得较好的招聘效果。

2) 作用

简历筛选可以筛选的象限比较窄，所以简历筛选并不会占用 HR 很多时间。但是，简历筛选的作用还是很重要的，一定要认真对待：第一，简历筛选决定了求职者最初的命运；第二，简历筛选决定了打电话的话术；第三，简历分析能力决定了面试的思路。

3) 筛选技巧

对于企业招聘经理而言，从大量的简历中鉴别出企业所需要的人才是至关重要的。简历筛选可谓把好企业员工质量关口的首要环节，即使尚未谋面，也可以从简历中"识人"，尤其可以从简历的直观信息里窥一斑而见全豹。在筛选应聘者的简历时，娴熟的简历筛选技巧可以提高简历的筛选效率，确保进入下一招聘环节应聘人员的质量，同时也减少合格人员被筛选掉的概率。筛选合格的简历，需要确定明确的筛选标准，分析简历与招聘职位的匹配度，辨别简历的真假，从简历看到求职者的价值。

(1) 客观内容(结合职位要求)。

客观内容筛选主要包括个人基本信息、教育经历、工作经验和个人成绩筛选四个方面。

① 个人基本信息筛选。个人基本信息主要包括姓名、年龄、民族、籍贯、政治面貌、性别、学历等内容，对于硬性指标(性别、学历、年龄、工作经验等)要求比较严格的职位，一旦发现有某一项是不符合职位需求的，则应该迅速筛选掉；而对于硬性指标要求不是很严格的职位，可以借助招聘岗位的具体要求进行判断和筛选。

② 教育经历筛选。教育经历一般包括求学经历和受培训或取得资格证书的学习经历，筛选时要注意应聘者是否用到某些含糊不清的词汇，比如是否写明高等教育的起止时间和学校类别，或者主修课程是否与所学专业匹配等，有时可以从这些细节中判断出该名求职者是否有学历造假的情况。

③ 工作经验筛选。工作经验一般要写明以往就业单位名称、起止时间、工作内容、主要职责、参与项目全名等。

工作起止时间，主要看应聘者从事一份工作的持久性，即每项工作时间长短、跳槽或换岗的频率、不同岗位之间时间衔接是否合理等。

工作内容，主要判断应聘者所学专业与职位的匹配程度，结合工作时间，考察应聘者工作在其专业上的广度与深度，如果求职者较短时间内工作涉及内容较深，则要考虑简历虚假成分的存在，在安排面试时，应提醒面试官作为重点来考察。

④ 个人成绩筛选。个人成绩主要包括在学习和工作期间，所获得的各类奖励、取得的成果等，主要考察应聘者所描述的个人成绩是否与职位需求相一致，不过该项一般不会作为简历筛选的硬性指标。

(2) 主观内容。

主观内容一般考察应聘者对自身的评价性或描述性的文字内容，如个人描述、自我评价等。筛选时主要判断应聘者个人描述或自我评价是否恰当，是否真实可信，并寻找这些主观描述与其工作经验信息不相符、不对应、有矛盾的地方。如果能够断定应聘者所述主观内容不可信不真实，甚至夸大其词，则可以直接筛掉。

(3) 初步判断简历是否符合职位要求。

① 判断应聘者所学专业和所具备的工作经验是否能够符合岗位要求。如果不符合或不满足要求，则应该直接筛除掉。

② 判断应聘者求职岗位与职业发展或规划方向是否清楚明确或前后一致(可做参考)。

③ 判断应聘者与其应聘求职岗位的匹配度或适合度。如果可以确定应聘者与求职岗位不适合，则直接筛除掉此简历。

(4) 全面审查简历中的逻辑性。

该项主要是审核考察应聘者工作经验和所取得的个人成绩两方面，应该尤其关注简历中的描述是否前后一致、条理是否清晰、是否具备逻辑性、是否有连贯性的工作时间、可否反映个人工作水平或能力高低、简历前后是否矛盾，如果有上述所列问题，应该找出并仔细分析鉴别。例如，某位应聘者在简历中描述其工作经验时，展示了在知名跨国企业担任高级职位的经历，可是他所应聘的仅是一个很普通的岗位，这就需要引起招聘人员的注意。在这一模块可以断定求职者的简历中存在弄虚作假的成分，因此也应该筛除；如果可以断定应聘者的简历根本不符合常识和逻辑，也要直接筛除掉。

(5) 简历的整体印象(可做参考)。

一份简历留给招聘人员的整体印象如何，也可以作为判断和筛选的依据，主要是查看应聘者简历的书写及格式是否清晰、整洁、条理、规范、美观，是否有错别字等。

(6) 查看求职者薪资期望值(可做参考)。

一些中高级职位的求职者一般不会直接在简历上表明其所期望的薪资水平，但是初级职位的求职者一般会给出一个期望值或期望的薪资范围，如果应聘者在简历上写明期望薪资，那么招聘人员也需要查看判断这是否与招聘岗位的薪资大致相符，这一点也仅供参考。

(7) 综合判断，做出评价和决策。

根据以上对简历的具体分析判断招聘者是否进入下一流程。

2. 笔试

应聘者通过公司招聘人员的简历筛选环节以后，尤其针对应届毕业生而言，接下来通常会进入笔试环节，以验证求职者的综合素质和能力。

1) 概念

笔试是用以考核求职者所具备的专业知识、特殊技能水平，以及语言表达或文字运用能力的一种书面考试形式。通常是先于面试，与面试对应的测试方法，是通过填写作答的方式来考核求职者的知识水平、学习能力的重要工具。这种方法可以相对有效地评估和比较不同求职者的基本与专业知识、管理与沟通能力、综合分析和阅读能力、语言表达和文字理解能力等综合素质与能力的差异。

笔试在员工招聘中有相当大的作用，一般用于简历筛选后的第一轮甄选环节，尤其是在大中型企业大规模地招聘员工时，它可以快速全面地掌握和了解员工的基本能力，同时可以对基本符合需求的界限进行初步划分。因为在甄选时的适用面较广，成本费用较低，节约时间，故可以大规模地运用到员工招聘中。但是一般需要较多的人力进行结果分析，有时候被试者或求职者会针对题目投其所好，先入为主进行判断，尤其是在个性测试中显得更加明显，这往往就不能测评出真实情况。

2) 形式

笔试主要有六种常见的形式：单选、多选或不定项选择题、是非判断题、文字填空题、简答或问答题、案例分析或论述题等，每一种方式都有其自身的优缺点。例如案例分析或论述题，一般要求作答者通过文章的形式来表达对某一社会热点问题的看法，借此表达作答者具备的学识、理念、才能和思考问题的方式等。这种方式有下列优点：编制试题相对容易，可以测试出作答者的文字表达能力，容易观察作答者的逻辑推理能力、想象创造力、阅读理解能力、概括归纳能力；但是它也存在如下一些缺点：评分标准缺乏统一客观的基准，命题范围相对狭窄，对于作答者的记忆能力、即时应变能力、反应能力等不能很好地观察到。其他几种笔试方式可能存在的优点有：评分有相对客观的标准、抽样群体较广、不存在模棱两可或投机取巧的答案、能衡量作答者的记忆力、评阅试卷相对容易；但是也可能存在如下缺点：不能测出作答者应变能力和即时反应能力、逻辑推理能力、想象力和创造力，以及文字表达和语言组织能力，此外试题设计面广不易编制、信度效度需要检验、答案易于猜测或取巧作答。

3) 类型

笔试按照不同的标准划分有不同的类型，这里主要针对岗位性质划分为技术性和非技术性两类。

(1) 技术性笔试。

这种类型的笔试一般主要针对工程技术或研发类岗位的应聘者，这类岗位具有的明显特征是，从业者需要掌握和具备较高程度的相关专业知识和技能水平，因此设计这类岗位的笔试题目，就需要涉及专业性比较强的技术性问题。对于应届毕业生来说，大学或研究生期间所学的专业知识和学习成效会直接影响这类考试的结果。所以，要想在这类考试中取得满意成绩，就需要求职者具有扎实的专业基础。

(2) 非技术性笔试。

这种类型的笔试和上一种相对不同，一般来说应用会更常见、更广泛，因为对于应试者的专业知识和学科背景的要求没有太严苛。非技术性笔试的考核内容广度和深度也不同，除了常见的英文阅读理解和写作能力、统计分析能力、数字推理能力、图形建构能力、逻辑分析能力外，有时还会涉及热点时事、情景模拟、生活常识，甚至智商和情商测试等。

4) 应试注意事项

(1) 时间管理：做题要讲究一定策略，如先做擅长的、容易的，保证答题率和正确率。

(2) 考试环境：应试者要给自己营造一个安静的环境，如果是现场答题，应该保证考场内外不要喧哗，室内光线舒适明亮；如果是网络在线答题，确保手机关机或静音，无外人打扰等。

(3) 考场纪律：作答者一定要服从监考人员的安排和指示，绝大部分公司都很看重未来员工的诚实守信、服从规矩，所以应试者如果在没有得到监考人员指令时就随意翻阅试卷，是很可能会被当场取消笔试资格，笔试成绩也就作废。毕竟笔试不单是一场考试，同时也是整个招聘求职过程的重要环节，笔试考场里的表现也可能会影响随后进行的面试。

(4) 心理调节：有的时候应试者可能会受到同考场内其他情况的影响，如别人早交卷等，这时作答者就要注意控制自己的情绪，调节负面心理状态，不要着急和紧张，要关注自己的答题进度，全力做好剩下的考试题目。

3. 面试

几乎所有公司在录用求职者前，都会安排求职者进行面试。笔试完成后，符合要求的求职者会进入面试环节，招聘人员通过面试可以进一步判断求职者综合素质，决定其是否可以加入自己的团队。

1) 概念

面试是企业招聘团队精心策划的一种招聘活动。通过书面、面谈或在线交流(视频、电话)来考核应聘人员的工作能力和综合素质的人员选拔方法。面试是一种考试活动,通过面试官对特定情况下与候选人进行交谈和观察,由表及里、从外到内地评估候选人的知识、能力、经验和综合素质。面试是一种企业选择员工的重要方法,它为企业与候选人之间的双向交流提供了机会,并使他们能够相互了解,从而使双方可以就是否雇用、是否接受聘用做出更准确的决定。

一般来说,面试的目的主要有以下几个:评估候选人的工作动机和期望;评估候选人的特征,如仪表外貌、性格特点、知识水平、能力和经验等;评估笔试难以获得的信息。

2) 功能

(1) 面试可以评估笔试甄选环节难以考察到的一些内容。笔试是通过文字语言为媒介来检验一个人的知识水平和素质能力,但是许多素质特征很难通过文本展现出来。例如,应试者的仪表仪态、口才和沟通能力、快速反应能力等。尽管某些素质特征可以用书面形式表达,但可能会由于应聘者的伪装行为或其他原因而不能表达,但通过面试则可以进一步核查。

(2) 面试还可以在某种程度上弥补笔试的失误,有效鉴别和避免冒名顶替者、高分低能者。有些应试者在笔试过程中表现不佳,如果仅以笔试结果作为招聘和录用依据,那么这些人就没有被录用的机会。但如果再辅之以面试形式,这些候选人将有机会再次展示自己的才能,企业也可以更准确地招聘到合适的候选人。

(3) 面试还可以同时考察求职者的各方面素质。理论上来说,只要对面试进行精心设计,而且确保面试时间充足、招聘人员手段方式适当,面试就可以全面精确地测评求职者的个人素质。

3) 形式

面试形式多种多样,根据企业招聘职位的具体内容和要求,可以将其大致分为以下几类。

(1) 问题式:招聘人员将根据事先草拟的大纲向申请人提出问题,请其给出答案。其目的是在特殊环境下观察求职者的表现,评估其知识和业务水平,判断其分析和解决问题的能力,从而获得有关候选人的第一手信息和资料。

(2) 专场式:由公司组织专场招聘会,由公司面试官代表对多位甚至大量应聘者进行海选,从中选出符合公司要求的多位应聘者进行之后的面试,此方式适用于对应聘者的初筛,如校招专场。

(3) 压力式:招聘人员有目的性地向应聘者施加压力,针对某个问题或某个事件提出一系列问题,这些问题要详尽、具体和彻底,直到应聘者无法给出答案为止。这种方式主要是考察在特殊压力下应聘者的快速反应能力、应急应变能力和思维灵敏程度。

（4）随意式：也就是说，招聘人员和应聘者之间的交流是广泛而无限的、漫无边际的，气氛活跃轻松且不受限制，双方各抒己见，自由发表观点和意见。这种方法的目的是观察谈话对象的言谈举止、知识水平、能力素质、个性举止、仪表风度等，并对他们进行综合全面的素质测评。

（5）情境式：招聘人员预先设置情境方案，提出问题或计划，然后要求应聘者进入角色模拟以完成任务，目的是评估候选人分析和解决问题的能力。

（6）综合式：招聘人员通过各种形式考核应聘者的综合素质和能力水平，例如，用外语与他交谈，要求即时撰写、即兴演讲，以及撰写一段文字，甚至操作计算机等，以测评候选人的外语水平、写作能力、书法和语言表达等综合能力。

以上这六种面试形式，是根据面试类型进行的大致划分。在实际面试过程中，招聘人员可以同时采用一种或几种面试方法，也可以在某个方面对候选人进行更广泛、更深入的考核，目的是能够选拔出优秀的候选人。

4）类型

(1) 面试按参加人数可分为个人面试、集体面试。

① 个人面试又称个别面试或单独面试。它是指招聘人员与申请人之间的单独谈话，这是最常见的面试形式。个人面试有两种：一种是一对一的面试，主要适用于小型组织和职位较低的组织；另一种是多对一的面试，适用于大型组织或机构的招聘，如考核公务员的结构化面试现场。

② 集体面试，是指由多个申请人参加的面试。集体面试主要用于考核候选人的人际交往能力、对环境的洞察和掌握能力，以及组织和领导能力等。通常会要求候选人以小组讨论的形式，彼此之间相互协作解决问题，或者轮流担任领导者主持会议，或者发表即兴演讲，等等。无领导者小组讨论和管理游戏是集体面试中最常见的形式。

(2) 面试按照组织方式可分为结构化面试、非结构化面试、半结构化面试。

① 结构化面试，是一种标准化程度很高的方法，也就是根据具体工作职位的胜任特征要求，按照固定的程序，使用专用试题库和统一的评估标准及方法，通过招聘小组成员与考生之间的面对面口头交流，以此评估应试者是否符合招聘岗位要求的一种面试方法。结构化面试是一种相对规范和标准的面试方式，具有很高的信度和效度。它突出了从形式到内容的标准化和结构化特征。

② 非结构化面试也称为"随机面试"，是与结构化面试刚好相反的一种面试形式，所问问题无须遵循事先安排好的规则和框架，招聘人员可以随意地与应聘者讨论各种话题，或者针对不同应聘者提出不同问题的面试形式。非结构化面试没有固定的流程，招聘人员提问的内容和顺序取决于应聘者现场即兴作答或临场表现。这种形式使面试双方都可以享

有充分的自由。

③ 半结构化面试是介于结构化面试和非结构化面试之间的另一种面试形式。其包括两种方式：一种是主试者提前准备重要问题，但不要求按照固定次序提问，在面试过程中如果出现需要深入了解的问题，也可以进一步展开讨论；另一种是招聘人员对应聘者按照事先准备的一套问题来展开提问，按照不同的工作类别或职位要求来设计不同的提问大纲。半结构化的优点主要有：具有双向沟通性，双方在面谈过程中灵活互动，面试官可以了解更为深入、详尽和丰富的信息，实现提问内容的结构性和现场把控灵活性的结合。因此，半结构化面试在企事业单位招聘时得到越来越广泛的使用。

5) 基本程序

面试程序主要包括准备、实施和总结三个阶段。

(1) 准备阶段。面试准备阶段是顺利完成整个面试过程的基础环节，主要任务是确定面试准则、制定面试问题、明确评估方法、培训面试人员。

(2) 实施阶段。一般分为以下五个阶段：①暖场阶段，通常对应试者提出简单的封闭式问题，达到快速导入的目的；②介绍阶段，一般提出开放性的问题，让应试者对自身情况做简要介绍；③核心阶段，是面试的关键信息获取环节，通常提出行为性的问题；④确认阶段，再次以开放性的问题为主，来进一步确认一些信息；⑤结束阶段，通常以公开性或行为性的问题来结束整个面试流程。

(3) 总结阶段。总结阶段的主要任务是汇总面试结果、反馈面试结果、存档面试文件。

4. 评价中心技术

评价中心技术是现代人才测评的一种主要形式，被认为对高级管理人员测评时最有效的评估方法。一个完整的评估中心测评通常需要两三天，并且对个人进行的评估是在团队中展开的。严格来说，评价中心技术是程序而不是特定的方法。它是用于选择管理人员的人员评估过程，而不是空间位置、地点。这项技术由多个评估者组成，根据具体的测评目的和评价标准，运用各种主观和客观的人员评估方法来评估应聘者的各种能力，为企业人才的选拔、晋升、识别、发展和培训提供服务。评价中心技术最大的特点是它关注情境模拟，包括在一个评价中心中进行多个情境模拟测试。可以说，评价中心技术源于情境模拟，却又不同于简单的情境模拟，它是多种评估方法的有机结合。评价中心技术具有较高的可靠性和有效性，评论质量相对也比较高。但是，与其他评估方法相比，评价中心技术需要投入大量的人力和物力，耗时长，操作困难，对用这项技术的测评人员要求较高。

1) 无领导小组讨论

无领导小组讨论是评价中心技术中被广泛运用的一种测评方法，尤其对于求职者数量众多的招聘职位，该技术通常会作为第一轮的甄选工具。

(1) 概念。

无领导小组讨论采用情境模拟来对应试者进行小组面试。一定数量的应试者组成一个小组(8～10人)，讨论一个小时左右的工作相关问题。在讨论过程中，既不指定领导者也不指定应聘者的座位，以便应试者可以自行安排和组织，测评人员可以观察应试者的组织和协调能力、语言沟通和表达能力、说服他人的能力等各方面综合素质，判断应试者是否符合拟任职位的要求，并判断其自信心、主动性、情绪稳定性、反应灵活性等人格特征是否符合拟任职位的团队氛围，从而综合考察和评估不同候选人之间的差异。

对于无领导小组讨论来说，最后的讨论结果并不是考察的要点，面试官真正的关注点在于求职者在整个讨论过程中表现出来的能力和品质，如组织能力、沟通能力、是否具有逻辑和是否是以团队目标为目的进行努力等。同时，通过观察讨论过程中每个人承担的不同角色来大致确定求职者的气质、性格等，并确定其与所需岗位的匹配度。无领导者小组讨论主要有两种类型：①根据讨论的主题是否具有特定情境，可以分为无情境性讨论和情境性讨论，前者通常是针对开放性问题的，后者通常使候选人处于假设的情境中思考问题；②根据是否向候选人分配角色，可以分为不分配角色的讨论和分配角色的讨论，不分配角色的意味着小组中的候选人在讨论过程中不需要扮演任何角色，他们可以就讨论的问题自由发表观点和看法，在分配角色的讨论中，候选人会被赋予某个指定的角色。

(2) 实施。

无领导小组讨论一般需要30～60分钟，如表5-1所示，主要步骤如图5-2所示。

图5-2 无领导小组讨论实施步骤图

① 准备阶段。具体任务包括编制讨论题目、设计评估表格、制定记录表格、培训考官、选择场地、确定讨论小组成员。

② 具体实施阶段。主要工作有宣读规则、讨论阶段。

表5-1 无领导小组讨论时间分布表

步骤	时间
考官介绍和解释讨论规则	1～2 分钟
应聘者了解试题	2～5 分钟
进行讨论	30～35 分钟
总结陈述	3～5 分钟

(续表)

步骤	时间
面试官评价与决策	5～10 分钟
结束致辞	1～3 分钟

③ 评价阶段。考官根据提前设计好的考核指标对应试者逐一进行考核，最后召开相关讨论会。至少应该有两名测评人员来审查评估结果；评估人员应对照评分表中列出的项目仔细观察候选人的表现；评估人员必须克服对应试者的首因效应误差，并且不能对国别、种族、年龄、性别、资格等带有偏见；评估人员对候选人一定要有客观、公正且基于事实的评价。

④ 总结阶段。在无领导者小组讨论结束之后，所有面试官都应撰写评估报告，其中包括讨论的总体情况、提出的问题及该问题的优缺点，主要描述每个候选人的具体表现、面试官自己的建议及最终录用意见。评估讨论会最终需要使测评人员对每个被测评者形成更加清晰和全面的评估。另外，为了保证公平公正，计分员通常会去除最高分和最低分，然后获得平均分，进而计算最终分数，主考官在成绩单上签名确认。

(3) 题目编制。

无领导小组讨论的题目不是凭空臆想得出，而是需根据求职者面试的不同岗位的具体特征进行量身定制。题目中所涉及的内容都进行了精细挑选，其整体上需满足以下几方面特性：真实性、针对性、争辩性、开放性、平等性、适中性。

无领导小组讨论的通常都是一些智能类的题目，按照其讨论形式和具体内容可以大致分为以下五类。

① 开放式问题。所谓的开放式问题是指有广泛的答案。它主要考核求职者考虑问题是否全面、有针对性、思维清晰，是否有新的观点和见解，例如：您认为什么样的文化更利于企业发展？关于这个问题，考生可以从企业文化的形成、企业文化的类型、强文化和弱文化的对比、一些优秀企业文化的实例等多个方面展开作答，并列出不同企业文化的特点，答案应尽可能全面，但也要重点突出。对于评估者来说，开放性问题很容易提出，但对被测者却不容易评估，因为这类问题不容易引起应试者之间的争论，并且对应试者的能力范围考察也相对有限。

② 两难问题。所谓两难问题，是让考生选择两个互有利弊答案的其中之一。它主要考核求职者的综合分析能力、口头说服能力、语言表达能力、人际沟通能力等。例如：您认为强势企业文化更利于员工发展，还是弱势企业文化更利于员工发展？一方面，这种问题不仅容易理解，而且容易引起应试者之间的充分争论；另一方面，对于测评人员来说，他们不仅在题目准备方面更加方便，而且在评估应聘者方面也更加有效。但是，应该注意

的是，这两个备选答案必须具有相同程度的优点和缺点，而不是一个答案具有更明显的选择性优势。

③ 排序问题。这种问题是让应聘者从多项备选答案里选择一种或几种最有效的选项或对备选答案按照重要性进行排序，主要考核应聘者分析问题本质、掌握事物要点的能力。例如，某企业的市场部门收集了 10 条有关市场情况的信息，但只能选择 4 条最主要的信息上报主管部门。请讨论结果并解释原因。应聘者在回答时，需要进行彻底分析，并提供充足的理由。这一类问题对于测评人员来说更加困难，因为题目不易拟定，但是对于评估应聘者的综合能力和人格特征等各个方面则更加有利。

④ 操作性问题。操作性问题，是指在无领导小组讨论中，测评人员会提供给应试者一些基础材料、演示道具或制作工具，要求他们利用这些去设计出指定的某个物体或对象。例如，给候选人提供一些材料，并要求他们彼此合作以建立铁塔、建筑物或飞机的模型。这类问题考核应聘者的操作行为方面比较多，情境模拟程度高，但考核语言相关能力的效果就比较弱，主要用来考核应聘者的动手操作能力、主观能动性、团队协作能力等。此外，测评人员必须为使用的所有材料做好充分的准备，对题目编制和测评人员的要求也更高。

⑤ 资源争夺问题。这种问题适用于分配角色的无领导小组讨论。它是让处于相同地位的候选人分配有限的资源，以便考核候选人的口头表达能力、问题分析能力、概括归纳能力、积极主动性、参与程度和反应灵敏程度等。例如，让候选人分别扮演每个部门的负责人，并分配有限的资金。为了获得更多的资源，候选人在回答时必须具有说服力。这一类问题会引起应聘者的充分讨论，并帮助测评人员评估应聘者，因而对于讨论题目的编制要求很高，也就是说，讨论题目本身应该体现角色地位的平等性，以及材料准备的充分性。

(4) 讨论过程中的几种角色。

无领导小组讨论将自主形成以下几种角色。

① 破冰者。破冰者指最开始发言和打破僵局的人，这样的人一般快速阅读和理解能力强，概念清楚，知识面广，可以很早地理清思路。

② 组织者(领导者)。组织者即调动整个团队氛围，组织、协调、引导和控制具体的讨论进展与方向的人，这一类人组织和协调能力很强，思维非常敏捷，且领导欲望较强。

③ 时间控制者。时间控制者的时间观念较强，能随时注意讨论的时间进度，提示小组成员所剩讨论时间的人。一般时间控制者都会提前准备手表，这样的人时间意识很强，可以避免时间的浪费和将问题拉回正轨。

④ 记录及总结者。记录及总结者即代表小组进行最后汇报总结的人，其一般会提前准备笔记本，在讨论一开始就进行记录，概括归纳能力强，笔记完整。但需要注意的是，

记录及总结者必须在最后时刻有效地进行归纳总结，如果只是一味地进行记录，则会拉低评分。

⑤ 参与者。参与者即非上述提及的其他成员，应试者一般均应参与到讨论过程。

(5) 应试技巧。

在应试过程中，还应该注意下列问题。

① 把握讨论方向。讨论中最为重要的部分就是要有人能明确考察要求，并在关键时刻纠正讨论方向。

② 发言积极主动。面试开始后，率先展示应试者自己的观点，不仅可以给测评人员留下深刻的印象，还可以指导和影响其他求职者的思想和观点，引起他们对自己观点的关注，借此发挥领导作用，争取扮演小组中的领导者/组织者角色。要想让自己的回答更加完善，在表达自己的观点后，还应取长补短、认真听取他人的观点和意见，以弥补自己发言中的不足。

③ 人际关系基础。当小组成员在考虑是否应该接受你的看法或观点时，将首先考虑你对他的熟悉和友好程度。成员之间的关系越紧密，你的观点就越容易被接受。反之，如果小组成员认为彼此之间是敌对关系，则为了保护自己会选择拒绝你的意见。

④ 说服意见不同者。当小组成员情绪激动时，不要试图改变其观点。因为人们往往在情绪激动时，感性胜于理性，过多的强迫可能使成员更坚持自己原来的观点，并做出过激行为，从而导致结果更加难以改变。

⑤ 严辞真诚可信。能够使自己换位思考，站在小组成员的立场思考问题，并理解意见相左者的观点。在此基础上，找出彼此的共同点，并引导小组成员接受自己的观点。在整个过程中，要表现出真诚的态度，并使用更深入的分析和更充分的证据来说服小组成员。

⑥ 抓住问题本质。归根结底，言语的攻击和威慑来自语言的真实性和清晰度。不要恶语相向来反驳小组成员的观点。敌对的态度无法达到有效驳斥的目的。从心理学的角度来说，敌对的态度会使人产生一种对抗心理，因此使得自己很难心平气和地听取他人意见。

⑦ 摆事实讲道理。我们应该有一个明确的立场、认真的态度和坚定的基调，以便小组成员能够理解并重视自己的观点和意见。

⑧ 先肯定后转折。当小组成员提出相应观点时，如果你不赞同该观点，则可以先肯定其发言，然后转折，最后否定。在这个过程中，肯定是手段，转折和否定则是目的。给予对方肯定可以使其以轻松的心态继续接收信息。尽管最终目的是转折，但对方更容易接受成员以这种方式来表达反对意见。这样做的好处是，应试者不仅可以使自己摆脱难以反驳的困境，而且可以使其他成员以更加平和的心态接受不同观点。

⑨ 取长补短。实际上，这是一种"后发制人"策略。无领导小组讨论开始后，成员先不着急于表达自己的意见，而是先认真听取他人发言和观点，从而为自己获取一些有用的信息，并取长补短，通过利用他人的优势来弥补自身的不足。当自己的答题思路清晰和内容准备成熟充分后，再精心详尽有条理地阐述，最后达到立足于他人并高于他人的目的。

2) 公文筐测试

(1) 概念。

公文筐测试，又称为文件处理测试、文件筐测试、篮中训练法(In-basket)等，这种方法将应聘者置于某些指定岗位或管理职位的模拟环境中，测评人员提供一批该职位通常需要处理的文件，要求被试者在规定的时间内和指定的条件下完成处理，并以书面或口头形式给予解释这样处理的原因和理由。

正式的公文筐测试时间通常为 1～3 小时。通过对计划、组织、授权、协调、预测、决策、沟通等能力的考察，尤其是对应聘者信息处理能力、运筹帷幄能力等素质的综合考察，来判断其是否具备作为管理人员所需要的综合管理能力、岗位胜任能力。在实践中，正式的公文筐测试成本费用较高，所以主要用于评估、培训和选拔管理人员，或者用于提高管理人员的管理技能、提升其解决组织内部各部门之间的人际冲突和摩擦的能力，其测评过程大致如下。

① 测评人员提供企业组织结构图、工作描述、企业基本情况信息、人员关系等公司的背景信息，以及纸笔和文件夹等办公用品。

② 被试者在测验中要按照提前告知的要求，模拟特定的管理角色进行相应的公文处理，包括突发事件处理、安排会议或其他日常事务等。

③ 测验结束后，被试者需要以书面或口头方式解释阐明之所以这样处理的原因。

④ 测评人员根据被评价者处理公文的顺序、时间、能力、理由等，来对测验进行评分。

(2) 试题形式。

① 需要处理的公文是已得出正确的结论，即已处理并存入档案的材料。让应试者处理此类文件，目的就是测试其处理方式是否有效、正确并符合标准。

② 需要处理的公文已具备解决条件，应聘者要依靠自身判断，综合分析和思考后做出相应决策以解决问题。

③ 需要处理的公文目前还缺少一些信息或解决条件。应聘者需要寻找线索、发现问题并为进一步获得解决问题的信息提出方案。

公文筐测试易于操作且信度和效度都较高，因为测试情境和与工作场景几乎相同。几名测评人员在评分的基础上讨论并确定候选人的处理方法是否正确。研究表明，两名测评人员对同一应聘者的公文处理答案及解释的相关系数可以高达 0.92。

(3) 评估要素。

公文筐测试主要评估应聘者的以下几种能力。

① 组织协调能力。组织协调能力是指根据已有的信息对某具体工作做出合理的规划并确定明确的步骤、所需的资源及协调调配各种资源的能力。

② 决策能力。决策能力是指在实际工作中面临问题时，特别是遇到重要且紧急的关键问题时，做出决断，并提出可行方案的能力。

③ 分析判断能力。分析判断能力即收集相关信息，进行相应的识别归类，并做出有效决策，从而提出解决问题的有效方案的能力。

④ 人际沟通能力。人际沟通能力是指将自己的观点、意见通过言语表达准确地传达给他人，并使别人能够理解自己的想法，同时也接受和理解别人的想法、意见和观点的能力。

⑤ 预测能力。预测能力即根据预测的质量、所依据的要素和是否具有可行性来进行分析。

⑥ 创新能力。创新能力是指参加测评的管理人员在问题中采用的方式是否新颖和具有创意。

(4) 注意事项。

① 公文筐测试的适用范围为中、高级管理人员的测评，它可以帮助企业考核现有各类管理人员或招募选拔优秀的外部管理人才。

② 由于公文筐测试时间一般比较长(约为 3 小时)，因此通常作为测评、考核、选拔的最后一个环节使用。

③ 公文筐测试从业务和技能两方面对管理人员进行测试。从业务的角度来看，所涉及的公文材料包括财务、市场、行政、人事、生产、研发等诸多方面，它要求管理人员具有解决问题的综合运作能力，包括对人财物、信息、时间等资源的控制；从技能的角度来讲，主要考核管理人员的计划、判断、预测、沟通和决策能力。

④ 公文筐测试对测评人员的要求较高，它要求测评人员掌握测试的内容，了解每份公文材料及材料之间的联系，对每个可能的答案也尽量做到了如指掌。测试前要对测评人员进行系统培训，从而确保考评结果的公平公正和客观性。

⑤ 资料的难度和重要性要有所区别，且资料要准备齐全。

⑥ 公文筐处理结果应该交给测评小组来综合评定。

3) 角色扮演

角色扮演(Role-playing)也是一种情境模拟活动。所谓情境模拟，是指按照求职者可能担任的职位，准备一组与该职位的实际工作相近的测试项目，并让应聘者置身于模拟的仿真工作环境中,去应对可能出现的各类职场状况,并使用多种方法来评估其潜能和心理素质的一种方法。解决情景模拟问题的方法往往不止一种,其中角色扮演方法被广泛应用于情境模拟活动中,主要针对应聘者明显表现出来的行为和实际操作进行评估,还包括两个以上应聘者之间的相互影响和互动作用。

(1) 概念。

角色扮演技术就是评价者向被试者提供一种假想的工作情境(包括所担当的职位、人际关系环境、面临的问题等),让应试者想象这样的情境真实发生后,根据特定要求做出相应的行为响应来解决问题,测评人员依据应试者的言行举止或行为有效性进行评估的一种情境模拟技术。该技术主要用于测试应试者解决突发问题、应对冲突场景、处理人际关系的能力。通过角色扮演方法,可以在情境模拟中评估应试者的行为,并评估他们的潜能和心理素质。它可以测出受试者的个性、气质、爱好、社会判断能力、决策能力、领导能力和其他相关综合能力。

(2) 操作流程。

① 实施前准备。首先确定角色扮演的目的,明确被测评者的角色任务,编制角色扮演的具体情境题目,同时确定考评的标准。

② 熟悉信息。角色扮演中的评价者开始熟悉题目和材料,并进行演练,被评价者进入准备阶段。

③ 实施。角色扮演正式开始实施。

④ 观察记录。面试官对被评价者的言语和非言语行为进行观察和记录。

⑤ 评分者评分。面试官对参加角色扮演面试流程的被评价者进行综合评估,并打出最终分数或得出最终评价。

5.2 实战训练

人员的甄选一直以来都是整个招聘环节中极为重要的部分,也是不可缺少的流程,每一个企业的招聘部门都必须对人员甄选的整个过程进行严格的把关。在指导教师带领学生对人员甄选的理论部分进行学习回顾后,登录系统,进入基础教学后,单击"人员选拔"按钮,进行人员选拔实战训练。人员选拔分为简历筛选、笔试、面试、评价中心四个部分,如图 5-3 所示。

图5-3 人员选拔

5.2.1 简历筛选

单击"人员选拔"按钮,显示简历筛选界面,浏览提供的简历信息并分析出最符合要求的简历,如图 5-4 所示。

图5-4 简历筛选

1. 浏览简历信息

学生单击"简历"图标,简历显示员工的个人信息、求职意向、工作经历、教育经历、证书、语言能力等各方面的情况。背景资料中多米诺公司在相应岗位的招聘实施中已经对岗位的要求进行了相应的描述,学生根据背景资料中的描述对简历进行筛选,如图 5-5 所示。

2. 把握筛选原则

简历筛选是人员甄选的第一步,也是极为重要的一步,筛选出的简历的质量直接影响应聘人员的整体水准。如何从大量的简历中筛选出企业所需要的人才是招聘人员必备的技能之一。学生根据前文所提到的人岗匹配的基本原则进行简历筛选,如图 5-6 所示。

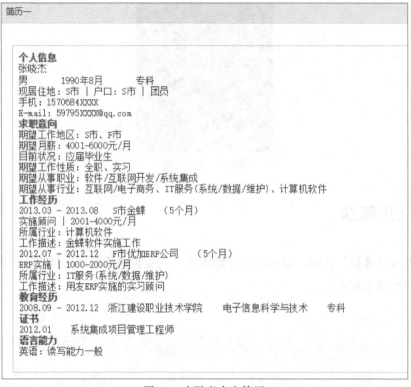

图5-5 应聘者个人简历

图5-6 简历筛选情况记录表

3. 开展简历筛选工作

在简历筛选的同时，学生需要将简历中人员的姓名、应聘岗位、筛选结果、原因等关键信息记录至表格中。待所有简历都经过筛选并记录后，单击"确定"按钮，系统会对筛选情况进行统一展示，如图5-7所示。

在实际应用中，待简历筛选完后，招聘部门应该及时通知应聘者面试的时间和地点，即可通过短信、邮箱、电话的方式发出面试邀请，如果是书面方式，应该注意邀请函的编写要合乎规范，涵盖所有必要的信息。一个规范的面试邀请可以让求职者感受到公司的严谨和正式。

姓名	应聘岗位	筛选结果	原因
张晓杰	游戏开发程序员	不通过	学历较低，没有相关工作经验
段谢	游戏开发程序员	通过	基本符合招聘要求
裴东东	游戏开发程序员	通过	虽然是应届毕业生，但是有过相关游戏开发项目经验

图5-7　筛选分析

5.2.2　笔试

在笔试环节，学生可以进行角色分配、考题选择、应聘者作答和笔试评价等内容的模拟练习。

1. 角色分配

进入笔试界面后，同组学生需商榷角色，确定应聘者和考官。需要注意的是，必须由一位学生担任考官，其余人员担任应聘者，待所有人都确定好角色入座后，才会进入下一流程，如图 5-8 所示。

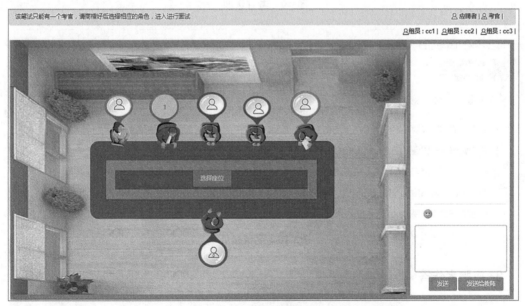

图5-8　角色分配

2. 考题选择

待所有人入座后，考官开始选题，如图 5-9 所示。

考官可供选择的题目分为主观题与选择题，其中选择题每题 10 分，主观题每题 15 分。

考官一一进行勾选，至总分为 100 分即可，选好后，单击"确定"按钮，如图 5-10 所示。考官在选题时，应该根据背景资料中多米诺游戏公司对需求岗位的要求来划分考察维度，然后根据维度划分的结果在题库中选择笔试题目，同时应该注意主观题和客观题的比例协调，切忌无规律地随意选题。

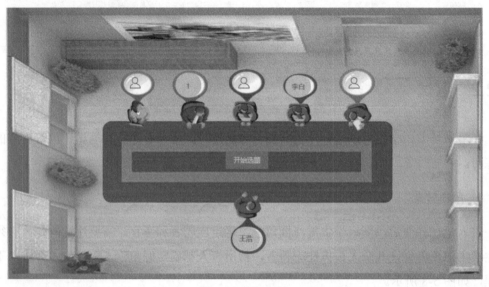

图5-9　考官选题

图5-10　笔试题目

3. 应聘者作答

考官选题完毕后，学生单击"开始答题"按钮，进行作答，整个作答过程中禁止交流，如图 5-11 所示。

答题具有时间限制，担任应聘者角色的学生应在规定时间范围内及时提交，如图 5-12 所示。在正式提交前，学生应反复确认是否有漏答的情况，一经提交禁止修改。

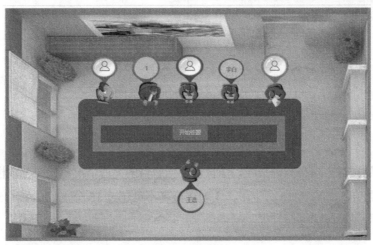

图5-11 开始答题

图5-12 笔试答题

4. 笔试评价

(1) 所有应聘者答题完毕后,等待考官批改,如图 5-13 所示。

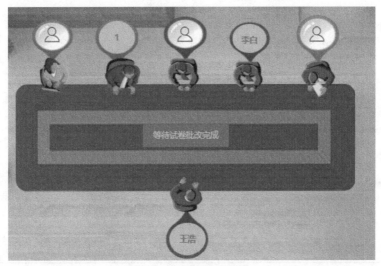

图5-13 等待批改完成

(2) 考官依次对试卷进行批改，如图 5-14 所示。

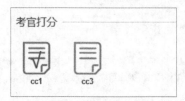

图5-14 考官批改

每份试卷的题目末端会有分数栏，面试官根据题目的完成情况直接在分数栏中进行打分，需注意选择题最高不能超过 10 分上限，主观题最高不可超过 15 分上限，如图 5-15 所示。

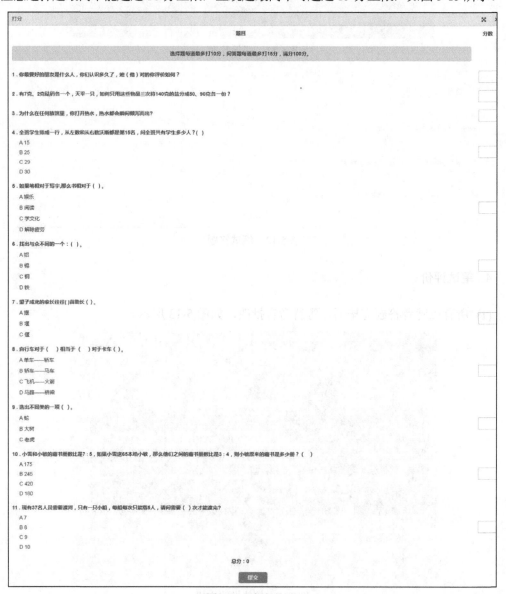

图5-15 考官打分

(3) 打分完成后，试题页面自动标注"红色√"，如图5-16所示。

图5-16　打分完成

(4) 面试官打完分后，系统提示面试者查看分数，如图5-17所示。

图5-17　提示查看分数

(5) 面试者单击"确定"按钮，查看分数，系统会显示相应的得分情况，如图5-18所示。

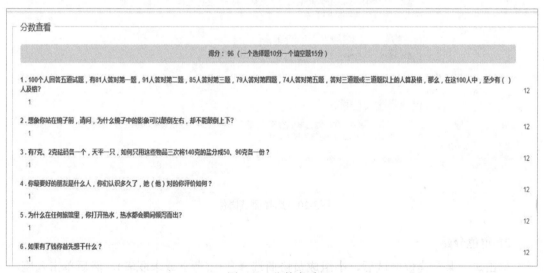

图5-18　分数查看

5.2.3　面试

面试环节分为模拟面试和视频分析两部分。学生单击"面试"按钮，进入面试界面，如图5-19所示。

图5-19 面试界面

1. 模拟面试

1) 选择面试岗位

单击"模拟面试"按钮，界面会显示不同的面试岗位，学生根据情况选择参加财务、销售、技术等不同岗位的面试，但必须注意的是，需由组长统一协调全组人员进入同一岗位面试，同时系统会显示已经进入等待的人员。待所有人员到齐后才可正式开始，如图5-20所示。

图5-20 选择面试岗位

2) 角色分配

单击进入某一岗位面试后，小组成员协商选择角色(考官或求职者)，然后单击入座。需要注意的是，面试必须要有两名以上的面试官，其中有一位必须是主面试官，至少需要一位面试者，且后面的选题由主考官进行操作，如图5-21所示。

待所有人员都入座后，系统会自动显示"进入"按钮，学生单击进入面试流程，界面如图5-22所示。

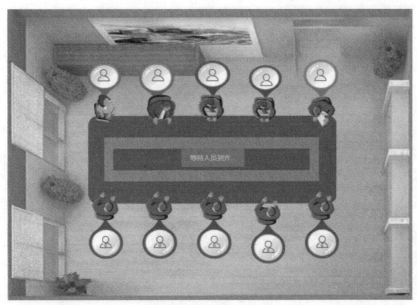

图5-21 面试等待界面

图5-22 进入面试

3) 查看面试流程

面试正式开始后，扮演考官和求职者的学生均会出现面试的流程界面，但由于角色的不同，其呈现的流程也会不同。考官流程为面试准备、面试选题、选评分表、面试开始、面试结束、考官评分，如图 5-23 所示。

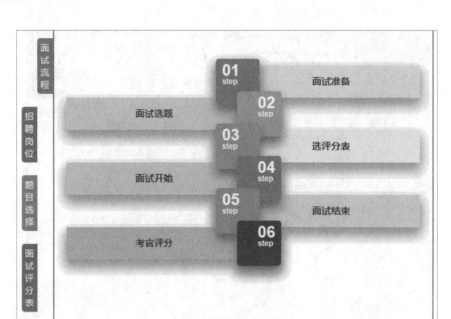

图5-23 考官流程

求职者流程为面试准备、面试等待、面试开始、面试结束,如图5-24所示。

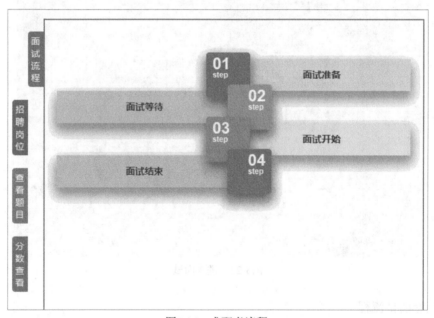

图5-24 求职者流程

4) 查看招聘岗位

在面试正式开始前,考官首先单击"招聘岗位"按钮,如图5-25所示。指导老师仔细阅读岗位描述和岗位规范,并将其作为选题的依据。同时,扮演求职者的学生也应查看招聘岗位的信息,仔细了解其信息有助于在问答环节中快速反应。

```
面试流程    岗位名称：财务经理
            工作内容及职责：
            1. 建立并完善企业财务管理体系，对财务部门的日常管理、财务预算、资金运作等各项工
               作进行总体控制，提升企业财务管理水平；
            2. 根据企业中、长期经营计划，组织编制企业年度财务工作计划与控制标准；
招聘岗位    3. 根据企业相关制度，组织各部门编制财务预算并汇总；
            4. 组织会计人员进行会计核算和账务处理工作，编制、汇总财务报告并及时上报；
            5. 监控、预测现金流量，监测企业各项财务比率，确定合理的资产负债结构，建立有效的
               风险控制机制；
            6. 负责组织企业成本管理工作，进行成本预测、控制、核算、分析和考核工作；
题目选择    7. 及时汇报企业经营状况、财务收支及各项财务计划的具体执行情况，为企业决策层提供
               财务分析与预测报告，并提出支持性的建议；
            8. 根据企业经营方针和财务工作需要，合理设置财务部组织结构，优化工作流程，开发和
               培养员工能力，对员工绩效进行管理，提升部门工作效率和员工满意度。
            工作权限：
            直接对财务总监负责，协助财务总监完成公司的财务管理工作，有对公司财务的监督权。
面试评分表  职位要求：
            1. 教育背景：
            大专以上学历，财务管理类专业；
            2. 工作经验：
            一年以上工作经验，特别优秀的应届亦可；
            3. 职业知识与技能要求：
            具备良好的职业道德；
            具有会计证等相关从业证书；
            具备必要的专业知识和专业技能；
            熟悉国家有关法律法规章和国家统一会计制度，遵守职业道德；
            熟练操作财务软件及办公软件。
```

图5-25　招聘岗位

5) 题目选择

主考官单击"题目选择"按钮，系统显示可供选择的题库内容，考官进行勾选后单击"导入"箭头，题目会显示在已选题目一栏。若有错选的题目，也可在已选题目中进行勾选，然后单击"反向导入"箭头，删除题目，如图 5-26 所示。

6) 选择评分表

在题目选择完成后，担任考官的学生继续单击"面试评分表"按钮，进入评分表选择界面，如图 5-27 所示。需要注意的是，评分表同样应根据招聘岗位中的岗位描述和背景资料中多米诺游戏公司的招聘原则来选择(要注意不同评分表的维度划分和打分方式有所不同)。

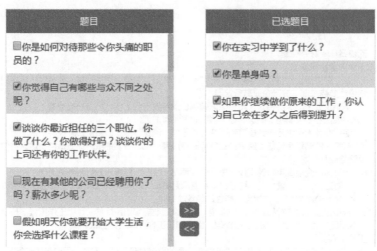

图5-26　选择面试题目

测评要素	权重	观察要点	评价标准			得分
			好	中	差	
整体形象	10	精神面貌 亲和力 个人气质	8~10	6~8	0~6	
细节与习惯	10	衣着整齐度 行、坐、立动作、口头禅、礼貌用语	8~10	6~8	0~6	
口头表达能力	10	语言逻辑性 用语修辞度 语言波幅等	8~10	6~8	0~6	
灵活应变与工作态度	10	求职动机 职场经历 对于曾在职单位、领导、同事评价 价值观（成长空间、培训机会、发挥平台、薪酬）	8~10	6~8	0~6	

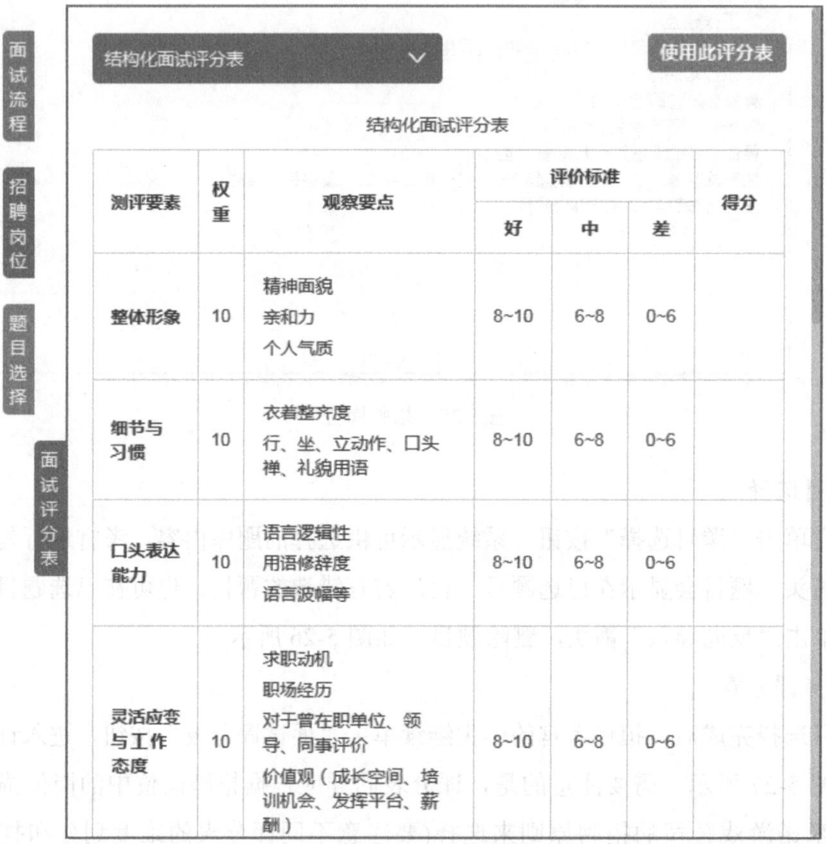

图5-27　选择评分表

选择完成后，点开对应评分表并单击“使用此评分表”按钮，系统会提示选择成功，并询问是否立刻开始面试，如图 5-28 所示。

第5章 人员甄选

图5-28 开始面试

7) 进行面试问答

考官单击"开始"按钮后，系统跳转到提问界面，倒计时10分钟，需在规定时间内完成。主考官依次将问题发送到对话框中，求职者根据题目内容进行回答，回答的方式是直接在输入框中输入并发送，所有人都可以看到对话信息，如图5-29所示。

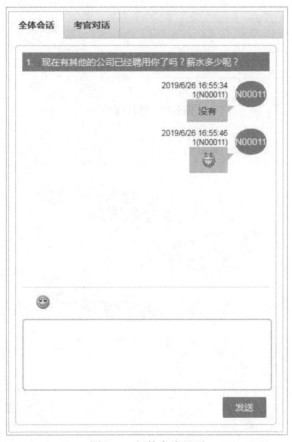

图5-29 问答交流界面

在所有求职者都进行作答后，考官单击"下一题"按钮，求职者同样进行输入回答，待所有问题完成或时间结束后，面试问答结束，如图5-30所示。

考官之间可互相交流，单击"考官对话"按钮，考官通过输入发送的方式在该界面内对求职者答题情况进行意见交流，如图5-31所示。

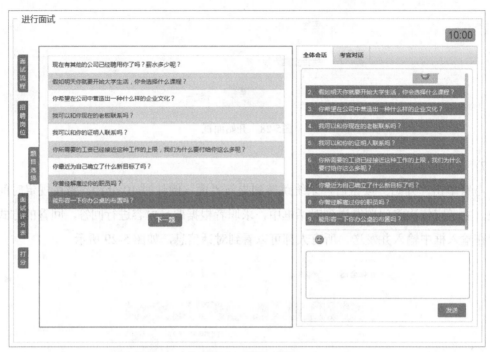

图5-30　题目列举

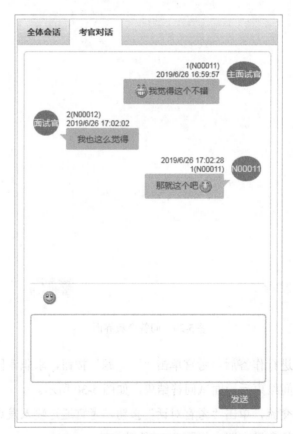

图5-31　考官对话

8) 面试评价

考官进入打分界面后，系统会显示各位求职者的评分表，如图 5-32 所示。

图5-32　评分表

考官依次点开各求职者的评分表，根据问答和讨论情况进行打分，如图5-33所示。需要注意的是，只有主考官才能进行打分，副考官只能提出建议，不能进行打分操作。此外，由于担任主考官的学生可能选择不同种类的评分表，需根据表格特点进行打分和评价，并在打分时仔细参详本书最后的附件背景资料中多米诺游戏公司的招聘原则等考核侧重点。

测评要素	权重	观察要点	评价标准			得分
			好	中	差	
整体形象	10	精神面貌 亲和力 个人气质	80~100	60~80	0~60	
细节与习惯	10	衣着整齐度 行、坐、立动作、口头禅、礼貌用语	80~100	60~80	0~60	
口头表达能力	10	语言逻辑性 用语修辞度 语言波幅等	80~100	60~80	0~60	
灵活应变与工作态度	10	求职动机 职场经历 对于曾任职单位、领导、同事评价 价值观（成长空间、培训机会、发挥平台、薪酬）	80~100	60~80	0~60	

图5-33　面试评价

完成打分的评价表会被系统自动标注，待所有的评价表都提交完毕后，打分完成，如图 5-34 所示。

图5-34　考官打分

9) 分数查看

打分完成后，求职者界面会显示查看分数的通知，如图5-35所示。

图5-35 通知查看分数

担任求职者角色的学生单击"分数查看"界面，可以看到分数细节。至此，模拟面试流程全部结束，如图5-36所示。

图5-36 分数查看

2. 视频面试

实训环节,学生还可以体验视频面试,尤其是在当今信息技术高速发展的时代,利用视频等技术产品可以消除地域界限,提高招聘的覆盖面和准确性。

1) 进入视频面试

模拟面试完成,单击面试界面中的"视频面试"图标,进入视频面试界面,其同样提供了包含岗位名称、岗位要求、招聘地点等信息的一份完整招聘简历,并提供多个结构化面试场景视频进行参考,如图 5-37 所示。

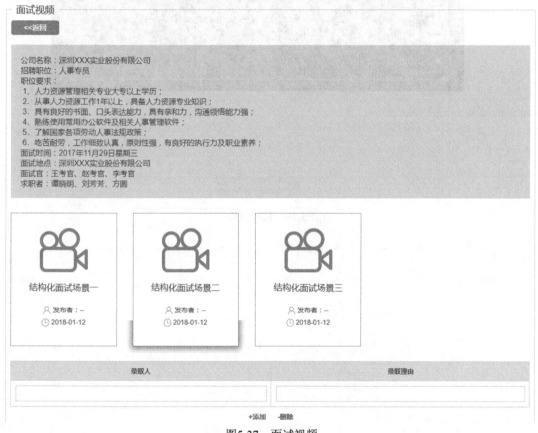

图5-37 面试视频

2) 观看场景视频

学生点开不同的面试场景视频,开始进行播放,整个视频都是关于不同面试者的完整的面试过程记录,指导老师要求学生在观看相应的视频后,根据视频中面试者和面试官的行为,做出相应的分析和评价,评价完成后单击"提交"按钮,如图 5-38 所示。

学生单击"观察要点"按钮,了解考官的观察方向,其可作为分析评价的依据,如图 5-39 所示。

图5-38 视频播放

图5-39 观察要点

3) 确定录取人员

在确保对所有的场景视频进行了分析评价以后，学生将三位求职者的特征与岗位描述进行对比，从而确定最终的录用人，并填写录用理由，如图 5-40 所示。

图5-40 人员录取

5.2.4 评价中心

单击"评价中心"按钮，评价中心包含角色扮演、公文筐测试和无领导小组讨论 3 个部分，如图 5-41 所示。

图5-41 评价中心

1. 角色扮演

在角色扮演实训模块中，学生可以进行案例选择、角色分配、查看角色扮演背景资料、查看案例、选择评分表、进行角色扮演、考官打分、查看分数等环节的演练。同时指导老师做好实训前的安排，要求学生至少 3 人为一组完成角色扮演。

1) 案例选择

单击进入角色扮演环节后，系统会提供背景供学生选择，由组长牵头协商后统一选择其中一个背景开始角色扮演流程，如图 5-42 所示。

图5-42 角色扮演背景

2) 角色分配

角色扮演背景选择完成后,由小组长牵头分配角色,待所有人都确定好角色入座后,方才开始进行角色扮演流程。其中,角色扮演要求2人选择求职者、1人选择主面试官,其余人员选择副面试官,如图5-43所示。

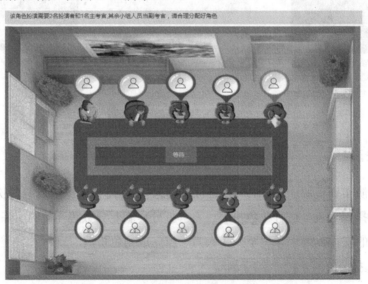

图5-43 角色分配

3) 查看流程

角色扮演流程为角色扮演等待、角色扮演准备、考官选择评分表、角色扮演开始、角色扮演结束和考官打分 6 个步骤，如图 5-44 所示。

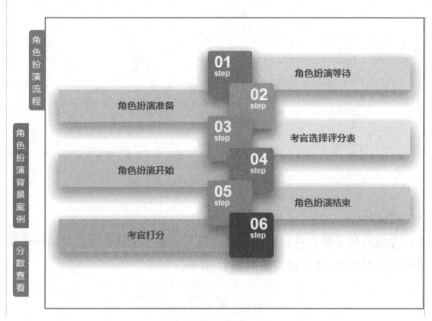

图5-44　角色扮演流程

4) 查看角色扮演背景资料

指导老师要求学生查看角色扮演的背景资料，考官和求职者都需要了解，如图 5-45 所示。

图5-45　角色扮演背景资料

5) 选择评分表

主考官以背景资料中多米诺游戏公司的具体情况为决定评价维度及要素的前提，并选择相应的评分表，确定后单击"使用此评分表"按钮，如图 5-46 所示。

图5-46 角色扮演评分表

6) 进行角色扮演

求职者在完成前期了解角色扮演内容的前提下,在"全体会话"对话框中发表各自处理意见,系统默认时间为10分钟,如图5-47所示。

图5-47 进行角色扮演

7) 考官打分

角色扮演结束后,考官进入打分界面,同样会显示各位求职者的评分表。考官依次点开求职者的评分表,并根据问答和讨论情况进行打分,如图5-48所示。

图5-48 评分表

8) 查看分数

考官打分结束后，提示求职者查看分数，求职者单击"查看分数"按钮，如图 5-49 所示。

姓名		性别		年龄		籍贯	
毕业院校		专业		应聘职位		工作年限	
评分要素		评价意见				得分	
举止仪表（10分）		仪表干净、整洁				80	
理解能力（10分）		逻辑清晰，理解透彻				80	
口头表达能力（10分）		口头表达清楚				80	
应变能力（15分）		应变有待提高				70	

图5-49 查看分数

2. 公文筐测试

单击"公文筐测试"按钮，进入公文筐测评界面，学生对各类事件进行排名，并做出相应处理。

1) 进入公文筐测评界面

单击"公文筐测评"按钮后，查看公文筐测试的背景，如图 5-50 所示。

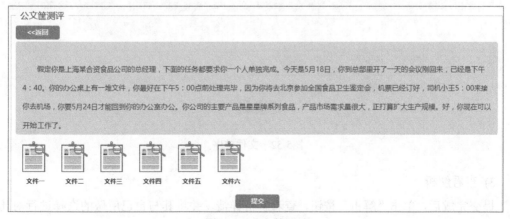

图5-50 公文筐测试

2) 事件排名

学生依次点开文件，查看文件内容，对文件的紧急情况进行排名，并写明理由和处理方案，如图5-51所示。指导老师需告诉学生，为保证科学客观，事件的排名应该是在浏览了所有文件后再进行，而不能点击一个处理一个。

图5-51 事件处理

每勾选一次排名，系统都会自动标注，在所有的文件都做好排序后，单击"提交"按钮，如图5-52所示。

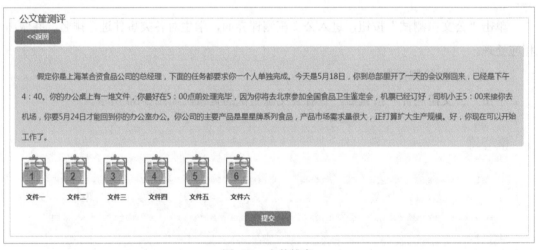

图5-52 文件排序

3) 查看解析

提交完成后，单击"解析"按钮，查看解析详情，并将其与自己所做的选择进行对比，对于有差异的需认真思考与回顾，如图 5-53 所示。

文件名：文件二
排名：1
理由：从财务状况看，目前存在资金紧张问题，银行贷款对企业的正常运营影响很大。资金链万万不可断。另外，一般的鉴定会前两天是过场，可以略晚一点出席。当然食品鉴定对食品企业非常重要，一定要参与。

处理方案：
改签机票，明天下午3点和赵行长面谈贷款事宜。

文件名：文件四
排名：2
理由：（1）该还的一定要还。（2）保持账面资金可以周转。（3）不可影响到银行信用，否则对贷款谈判不利。

处理方案：
（1）指派专人催款。（2）和应付款的收款单位联系，协商延迟付款。（3）银行准时还贷。

图5-53　解析

3. 无领导小组讨论

无领导小组讨论内容包括内部讨论和考官考评，如图 5-54 所示。

图5-54　无领导小组讨论

1) 内部讨论

学生单击"内部讨论"后，与面试流程相似，所有组员必须在沟通后进入同一案例进行操作，如图 5-55 所示。

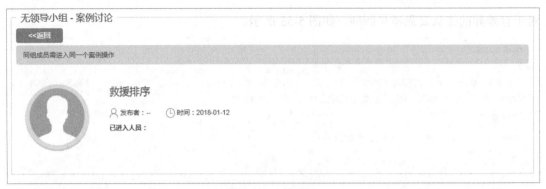

图5-55　内部讨论

学生单击"内部讨论",进入无领导小组讨论流程,第一个进入的小组成员默认为组长,由其来开始和提交最后的结论,如图5-56所示。

图5-56　开始计时

组长单击"开始计时"按钮,所有成员查看讨论背景资料并进行讨论,如图5-57所示。而其他成员则在评论框中互相交流,发表各自的想法,如图5-58所示。

第 5 章 人员甄选

图5-57 讨论背景

图5-58 组员交流

讨论完成后，组长单击"提交结论"按钮，填写并提交最后结果，如图 5-59 所示。

图5-59 无领导小组讨论结果

2) 考官考评

单击"考官考评"按钮，查看无领导小组视频背景资料及无领导小组讨论视频，如图5-60所示。

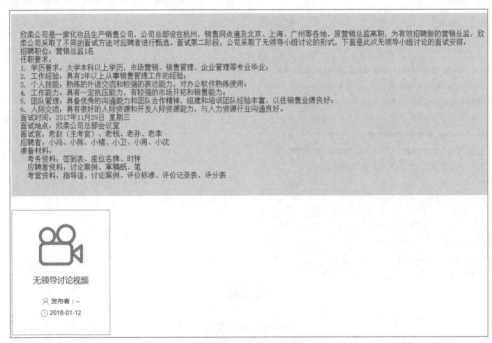

图5-60 无领导小组讨论视频

单击"视频"按钮，分别显示无领导小组讨论题目与讨论视频，如图 5-61、图 5-62 所示。

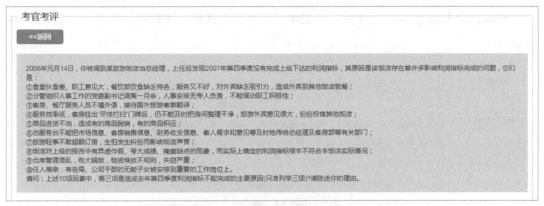

图5-61　无领导小组讨论题目

图5-62　无领导小组讨论视频

观看讨论视频过程中，学生观察视频中面试者的言谈举止，将具体信息填写至表中，如图5-63所示。

项目	次数 候选人	1
	序号	
发言次数		
善于提出新的见解		
敢于发表不同意见		
支持或肯定别人意见		
坚持自己正确的意见		
消除紧张气氛		
说服或调解		
创造一个使不大开口的人发言的气氛		
把小组意见引向一致		

图5-63　考评记录表

根据记录表内容和直观感受,学生单击"评价"按钮,进行填写并提交,如图 5-64 所示。

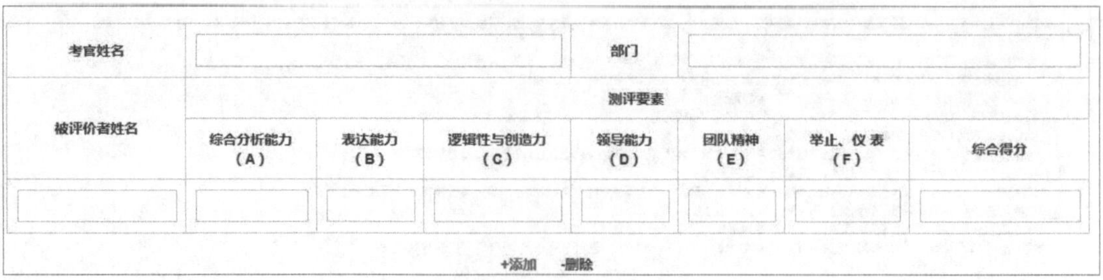

考官姓名				部门			
被评价者姓名	测评要素							综合得分
	综合分析能力(A)	表达能力(B)	逻辑性与创造力(C)	领导能力(D)	团队精神(E)	举止、仪表(F)	
+添加　-删除							

图5-64　评价

第 6 章 人员录用

本章包含了基于招聘评价后的录用决策的过程、方法及注意事项等关于招聘工作的内容。先是介绍了录用决策的内涵、人员录用的要素，重点讲述了录用决策的程序和进行录用决策时的注意事项。在实战训练中，从背景调查、录用通知、入职手续和入职培训四个方面分别从理论实务上进行了系统的分析介绍。

6.1 知识要点

在前面的章节中，我们学习了如何针对招聘目的对应聘者进行各种测评甄选，本部分内容主要学习人员录用相关的内容。人员录用是指组织对前面经过招聘选拔阶段的应聘人员，依据组织需要确定的录用标准，以定性或定量的方法做出最终录用决策，并由人力部门通知被录用者办理入职手续，接受入职培训后的正式录用的过程。

6.1.1 人员录用的内涵

人员录用决策，主要是对经过招聘选拔评价过程中产生的应聘候选人的基于岗位需求的个人素质信息进行统计、评价、分析、排序，然后再依据组织上具体的岗位素质要求和需求数量进行比较挑选，最后选择出最适合组织需要的应聘人员的过程。

通过简历筛选、初试、心理测验、面试和评价中心技术对候选人评价完后，就得到了他们的基本情况、基本素质和特点的信息。如何根据这些信息进行人员录用也是比较困难的事情。录用后如何使他们进入工作岗位，适应企业和岗位的情况，也是招聘和选拔最后需要考虑的工作。作为一个系统而科学的招聘和选拔体系，需要对整个工作过程进行总结评价，以便未来进一步改进工作，提高招聘和选拔的效率和效果。

6.1.2 人员录用的要素

在录用决策中，一般情况下不是选取最好的候选人，而是选择与岗位要求最合适的，即适合的才是最好的，为了达到这个目标，组织在进行录取决策时应关注以下五个要素。

1. 准确可靠的应聘人员信息

正确决策的前提是需要有正确和足够的信息，招聘录取决策所需要的信息是指拟录取应聘人员的全部第一手的信息和招聘选拔过程中所能收集到与人员录取相关的全部现实信息，具体包括以下几项。

(1) 应聘人员的基本个人信息，一般包括年龄、性别、毕业学校、专业、在校的学习成绩。

(2) 应聘人员曾经的工作经历信息，包括过往的工作经历、过往工作岗位的业绩、相关的背景资料、过往工作经历中上级和同事的评价等。

(3) 应聘者在应聘过程中取得的各种素质测试成绩，包括简历筛选、笔试、心理测试、面试、评价中心等，同时也包括面试、无领导小组的评语等。

所有这些信息都要准确、可靠、真实，共同构成录取决策的信息基础。

2. 正确的分析资料方法

一般而言，资料分析方法可以分为定量研究、定性研究和混合研究，对于资料的分析不仅要选择正确合理的分析方法，而且要注意资料的分析范畴。

1) 分析应聘者能力

对应聘者能力的考察一般不是一个单一的维度，而是需要分析多维度的、综合性的能力，具体包括沟通能力、协调能力、学习能力、组织能力、应变能力等。

2) 分析应聘者职业道德

在做出候选人的录用决策时，除了候选人的个人能力之外，还要注意候选人的道德品质，尤其是要注意候选人以往的工作经历中所表现出的职业道德和品格。从而有效防止错误地录取仅有能力而缺少操守的应聘者。

3) 分析应聘者特长和潜力

应聘者的特长可以是指特有的先天气质，或者是经过后天培养的倾向性，是应聘者现在所有的可能对组织的岗位或团队发展至关重要的作用，而应聘者的潜力则是指尚未被开发的能力和素质。一般而言，应聘者的特长代表的是应聘者现在能够达到的高度，而潜力则预示着应聘者个人在未来的组织中可能达到的高度，也标志着他未来的行为可能对企业产生的重大的带动和贡献。因此，对应聘者潜力的分析就显得十分重要。

4) 分析应聘者个人的社会资源

良好的资信度和良好的社会基础是指应聘者个人的家庭、朋友、老师和个人长期积累起来的良好的社会关系，这些社会资源的加入会对组织起到积极的作用，因此分析是否录用应聘者时需要关注应聘者个人的社会资源。

5) 分析应聘者个人的学历背景和成长背景

人的一生除了学校教育外，还必然要积累其他三种教育，即家庭教育、自我教育和社会教育。他们对于应聘者的性格与价值观的形成具有十分重要的作用，例如，在家庭具有融洽欢乐气氛中成长起来的孩子，一般会比较乐观、无忧无虑，相反在家庭氛围沉重悲观中成长的孩子一般往往会容易忧郁。因而通过对应聘者个人的学历背景和成长背景的分析，可以获得应聘者的个性等信息。

6) 分析应聘者的面试表现

应聘者的面试表现是直接了解应聘者主要素质的重要手段，一般通过面试可以获得应聘者的知识水平、专业特长、语言和口头表达能力、自我控制能力、思维分析能力、反应能力、应变力，同时也能了解应聘者的风度、礼貌等。因此面试是了解应聘者的一种主要的测评手段，必须加以重视。

3. 科学的招聘程序

科学的招聘程序在理论上能够筛选出符合组织需要的人才。但招聘程序不仅要考虑科学性，还要考虑招聘成本，要和每个组织的规模、效益、文化、价值观和其他多种因素相适应，所以招聘程序在不同的组织中的招聘形式和具体内容也是不一样的，是有所差别的。例如，某著名的跨国公司 HR 总监在进行招聘录取时，通常安排三轮面试，第一轮是人事部门对于应聘者进行简单筛选；第二轮是拟用人部门对通过筛选的人员进行岗位需要的业务能力与知识的考察和素质测试，此轮面试的提问一般均集中在相关的业务能力和相关知识上；第三轮是该招聘岗位的最高级经理和人力招聘专员来参加测试。前面两轮的面试重点是筛除不合格者，最后一轮面试的重点是进行择优选拔，选取最适合岗位需要的人员。

4. 高素质的考官

招聘决策的成败和主考官的素质高低有着密不可分的关系。高素质的主考官能够促进和保证组织招聘的顺利完成。因此在录用决策时，主考官的知识、智慧、经验、信息、判断力和分析力都会影响录用决策的成功率。

5. 匹配应聘者素质与岗位要求

所谓的合适指的是应聘者的能力素质与岗位要求相匹配，无论谁高谁低都会形成失衡，如果把不适合的人放在一个不适合的岗位上，对企业造成的损失将会是巨大的。因此匹配度也是录用决策中必须考虑的一个十分重要的要素。

6.1.3 人员录用决策

人员录用决策是指通过多次招聘甄选，从而从应聘者中选择出来的符合组织岗位需要的人员，并且做出最终人员录用决定。一般而言，这个决策也常是最难做出的，特别是决定一个对组织发展相当关键的职位的候选人时，组织常常会在几个脱颖而出的候选人中难以取舍。

1. 选择录用决策者

在许多组织中，人员招聘录用工作的具体负责实施者一般是组织中的人事部门。人事部门通常为用人部门经理提供通过初步筛选的应聘人员名单，并提供初步的录用建议，但通常来讲，最终要由用人部门经理做出最后的应聘人员是否录用的决策。如果是重要的或层级较高的岗位，参与录用决策者也会相应增加。因此如何充分发挥人力资源管理部门和用人部门在录用决策中的作用，就成为许多企业关心的问题。一般录用决策者有如下几个。

1) 人力资源专业人员

人力资源专业人员在录用选拔中是最基本的决策者，他们一般会参与人员选拔的全过程。尤其是在现在强调人力资源人员是业务部门的合作者的形势下，人力资源专业人员在录用决策中的分量就会更重。人力资源专业人员会基于本身的工作内容和相关的经验、阅历，从而可以为用人部门经理提供一些其没有觉察到的对于应聘者的领悟和判断，如人力资源专业人员能提供应聘者的人际沟通等状况，人力资源专业人员通过专业培训和训练，能够对这些问题更为敏感。此外，人力资源专业人员具有人员选择和素质测评的专业知识和技能，使得他们的建议更有权威性和合理性。

2) 用人部门经理(总监)

用人部门经理(总监)是直接领导和管理员工的人，他们是组织业务方面的决策者和专家，通常对于录取何种应聘者具有更加权威的权力，而且往往能够选择出更为合适的候选人。因而录用决策通常也必须吸纳用人部门经理(总监)的参与。但是在实践中必须注意的是，只有用人部门经理(总监)参与其熟悉的业务领域才是有效的，如果参与业务经理不熟悉的领域，那么其录取决策的有效性是值得质疑的。

3) 组织的员工

由于受到当前管理学中流行的自我管理团队的影响，也就是说，为了有助于员工更好地认同组织目标，培养员工的主人翁意识，组织会有通过规章或民主参与等形式赋予员工在招聘录用的决策体系中占有越来越多的发言机会，影响决策的过程或结果。例如，在组织进行的内部公开民主竞聘中，员工组成的民主议事评议在录用总体评价中占有重要的地位。通过让员工与应聘候选人进行沟通交流，员工可以表达他们自己的意愿，即愿意选择谁。这些尝试是有效的，但无疑也会给人力资源部门的招聘工作带来新的挑战。

2. 录用决策的程序

在招聘过程中，素质测评甄选的目的是有效选择出合适的应聘候选人。为了保证评价参与招聘录用人员在应聘过程中各种信息的准确性和全面性，从而合理有效地完成人员录用决定，组织还需要科学有序的人员招聘录用程序来保证信息的分析使用和科学决策。具体的程序如图 6-1 所示。

1) 总结分析有关应聘者的信息

关于应聘者的信息有很多，组织会关注应聘者和岗位有关的信息，如每位应聘者"现在能做什么""愿意做哪些工作""未来可能做什么"等方面的信息。但是组织并不是关注所有收集到的信息，而是会根据组织发展和岗位需要，重点关注应聘候选人"能做"与"愿做"两个方面。其中，应聘候选人"能做"指的是其所具有的与职位相关的知识、素质、技能，以及获得新的知识和技能的能力(或未来能达到的程度)。而应聘者"愿做"则是指其对于岗位获得的急迫程度及愿意在工作中的投入程度和其他的有关因素。应聘者"能做"的因素一般可以从应聘表现和评价及应聘者过往相关的经过核对的资料信息中获得；但是应聘者"愿做"的因素的判断则较为困难，只能更多地进行推测，例如，可以从应聘者在应聘过程中的行为表现和其提交的求职申请表中的信息中推测。

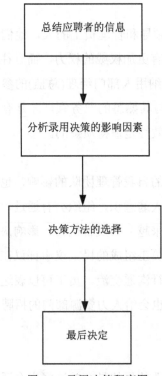

图6-1 录用决策程序图

2) 分析决策的影响要素

在人员录用决策中,组织不仅需要决定录用谁,而且还要将其安排在对应的岗位上,即所谓的能级对应。也就是说,职责要求不同的岗位需要配置不同素质的人员,因此即使相应的录用选择也一定会出现差异。例如,对于组织的高层管理人员的录用选择方法就会和组织一般的岗位中的人员有差别。具体在组织做出人员录用决策时,一般要考虑以下因素。

(1) 组织招聘岗位的需要。

(2) 企业现有的薪酬结构、薪酬水平与应聘候选人要求的差距。

(3) 在选择应聘候选人时是以目前岗位工作的要求为主,还是以候选人未来在组织中的发展可能性为主?

(4) 合格的标准是否存在特殊要求?

(5) 如何在合格者当中进行选择?

3) 选择合适的、科学的录用决策方法

要进行人力资源的录用决策,完全凭借决策者的经验只是在一定的范围内有一定的效果,通过选择合适的、科学的录用决策方法可以增加决策的有效性。一般而言,进行决策需要把各种评价方法得到的评价结果进行系统化处理,然后给每位被评价者一个合适的评价分数或排序，从而为后面的录用决策提供重要的参考依据。

在录用决策时，必须采取定性和定量相结合的方法来决策录用哪位候选人。所谓定性的方法是指对拟录用人员依据工作职位、工作要求的需要具备的知识、性格、技能和能力等各方面胜任特征进行定性的测量和评价，并且确定该拟录用候选人的特长及可以改进的方面，然后再从总体上对各候选人进行比较，最后做出人员的录用决策。而所谓定量的方法是指对应聘候选人各项知识、性格、技能和能力等胜任特征进行评价，并分别对各项胜任特征赋予分数，通过统计的方法来进行录用决策。

在实际的录取决策过程中，单独使用任何一种方法都可能会存在缺陷，例如，定性方法虽然易于实施，然而决策结果更多地依赖于决策者，常见的误区一般有晕轮效应、首因效应、个人偏见，但定性方法做出的对被评价者的总结，对于形成评价报告及被录用者后续的人力资源开发工作都具有重要的参考价值。定量的方法可以把很多定性的评价原则贯彻其中，得出的结果直接应用于选拔；但定量的方法也容易因过于追求量化而忽视候选人的特点，或者忽视个性化的岗位需求。因此定性和定量方法需要结合使用。

4) 进行最终的录用决定

由用人部门经理(或专家小组)做出录取决策的最终决定。人力资源部门在决策过程中起到参谋和咨询作用，因此首先需要让用人部门经理与最有可能与职位匹配的拟录用者进行深入的沟通交流，然后再由用人部门经理决定是否录取应聘者，最后再将人员录取选择结果反馈给组织人事部门，并且由组织人事部门以邮件、电话或直接以书面等各种有效手段通知应聘者有关的录用决定，并引导应聘者完成录用程序所要求的任务。

3. 录用决策时需要注意的问题

1) 录用时一定要遵循录用合适的人的原则

在录用阶段，一般都会认为要选择最优秀的人。对一群候选人评价完后，往往还会再等等，认为也许还会有更优秀的人，但这并不是招聘和选拔应该做的。因为，如果招聘了一位毕业于名牌大学的非常优秀的硕士研究生，来承担一个远低于其能力的岗位，首先在待遇等方面可能满足不了对方的要求；其次即使对方来了，可想而知他也不会很安心地工作，因为无论是待遇还是工作本身都不足以给他带来价值感和成就感，很可能几个月后他就另谋高就了。

其实，这对企业和个人来讲都是一个损失，对企业来讲，新员工来到岗位上不好好工作，甚至没有完成工作的要求，工作目标没有很好地实现，无疑是一个损失。从个人来讲，到一个不愿意做的岗位上，很短时间就离职，对其个人的职业生涯来讲也是一个时间和精力上的巨大损失。这段时间无论对企业还是个人来讲都是不成功的。

所以，企业在做录用决策时，一定要遵循招聘合适的人的原则，而不是把标准定得太高，录用一位最优秀的人。当然，如果企业在录用后可以给最优秀的人才提供更为合适、更高职位，也可以录用最优秀的人才。

2) 留有备选人员

企业在录用决策时，一定要给录用工作做好后期的准备。因为后面还需要与初步录用的人员进行背景调查，还会与他们进行进一步的面谈。如果在背景审查或面谈时发现一些不合格者，或者对方不愿意来本单位，那么企业就不得不舍弃他而录用其他人。所以，在拟录用名单中一定要留有备选人员，而且要对备选人员排一个顺序，如果前面的不行，可以考虑第二位的候选人，以免在录用的最后阶段招不到人。

6.2 实战训练

在用人单位的实际操作过程中，人员录用主要包括背景调查、录用通知、入职手续、入职培训四个部分的工作内容，为了便于同学理解与操作，本节的实战训练将结合这四个主要内容的操作进行具体的说明，如图6-2所示。

图6-2 人员录用

6.2.1 背景调查

背景调查是指组织通过各种合理有效的途径，在法律允许的范围内核对求职者个人经历中与企业岗位要求相关信息的准确性的过程，它是保证招聘有效性的重要手段之一。一般而言，用人单位对被调查员工的过往工作的经历、曾经接受过的教育经历、兴趣、薪酬等情况进行暗中调查，以获得被调查员工过往与岗位相关的资料的有关信息，并对获得的信息与被拟录用者所提供的应聘简历、面试介绍及岗位信息进行对比，以形成企业人事管理者对员工录取的决策基础，为人员录取选择决策提供重要的信息资料。

背景调查的一般核查内容包括学位、工作经历、不良记录、道德和品质方面。这些信息可以通过多种渠道获得，如我们国家的人员档案，向他过去工作过的或毕业的学校相关部门进行联系，就是取得录用者背景信息的方法。这时要注意从多方面，也可以间接地去了解录用者的相关信息，以便相互印证，相互补充，对是否录用有一个全面的考虑。

1. 员工背景调查的作用

1) 帮助企业 HR 筛除有虚假信息的候选人

在招聘录取过程中，组织负责进行招聘的人员和参加应聘的人员之间知晓的信息是不一样的。组织对于应聘者的情况可能只知道对方提供的信息，如过往的工作经历、教育背景及在招聘过程中提供的其他信息等情况。由于对来参加应聘的人员的资料准确性缺乏了解，对拟录取员工的信息是否真实、是否有过犯罪记录等不了解，有可能造成企业的直接或间接经济方面的损失。通过对企业重要岗位应聘者进行背景信息方面的调查，充分了解拟录用员工过往的工作和教育经历，尤其是调查拟录用员工的工作经历、学历教育、工作情况、共同工作过的人员或公司对其的评价、职业方面的道德状况、工作曾经取得的成绩等，深入、充分地了解拟录取员工的工作方面的能力、过往是否有过犯罪记录等情况，能有效降低企业的资金、技术和人员等企业外部人员录用以后发生的风险。完善的员工背景调查，能将员工的欺诈风险降到最低。

2) 全面了解应聘者的知识、性格、能力与技能

现有的素质测评方法与技术虽然在日益更新与完善，从面谈到无领导小组到情境模拟，从 BEI 访谈到 STAR 法则，从笔迹鉴定到微反应，但也仅是对应聘人员所述内容的判断与筛选，而其隐藏的性格、气质、价值观、工作动机等却难以判断评价。通过一些必要信息的调查，我们可以通过其原工作期间的表现及评价更全面地了解员工的素质与能力情况，获得更全面、更客观的信息，为员工未来的培训、晋升与职业发展提供参考和依据，做到"全面了解""知人善任"。

3) 帮助组织节省使用成本、规避用人方面的风险

众所周知，企业招聘一个新员工，需要投入网络招聘费用(或招聘会费用或猎头费用或内部推荐费用)、宣传费用等前期成本，需要支付 HR 招聘/面试的工资费用、交通费、食宿费等完成招聘所需要的成本，还需要支付新录用人员的工资成本、培训费等试用期发生的成本，还需要承担因为招聘而失去的成本与再次招聘替代人员而发生的成本。由此，招聘匹配的重要性可想而知，不匹配则给企业带来巨大的成本浪费与风险。要规避这些风险与成本浪费，员工背景调查是必要的。通过对拟录用员工进行与工作相关的个人信息的核查

确认，确保信息的准确和真实；通过对拟录用员工进行以往工作方面的表现与工作所需要能力的深入访问调查，确保候选人与匹配岗位。

4) 为公司人事管理的其他工作任务提供人才使用方面的资料信息支持

通过员工背景调查，对应聘人员简历内容(学历、认证、从业经历等)进行真实的了解和证实，为人力资源的录用提供参考，同时确信被录用人员在技能、诚信程度、职业操守等方面符合公司的岗位需求，且通过对其前同事的访谈，了解该员工性格与现在同事相匹配的程度，最终达到人岗相符，为用人部门大胆使用新人，提供有力的人才保障，免于人员频繁流动造成公司声誉和人力成本的损失。因此，客观、合法、合理的员工背景调查，能为企业的人力资源后续工作提供强有力的保障。

2. 员工背景调查适用范围

对于企业来说，如果对拟聘用的所有人员均进行背景调查，需要花费大量的时间、人力、资金，且不太现实，因此，企业在进行员工背景调查时，均会根据情况进行区别处理，并不会对所有聘用岗位人员进行背景调查。一般来说，企业对拟录用人员进行背景调查的岗位主要有以下几种。

(1) 涉及资金管理的岗位：如会计、出纳、投资等岗位，出于对资金安全考虑，一般企业都会对这些岗位的拟录用人员进行背景调查，主要是期望了解这些拟录用人员的工作能力、犯罪记录和诚信状况。

(2) 涉及公司核心技术秘密的岗位：如研发部的工程师、技术人员等，企业的核心技术秘密关系企业的生存问题，如可口可乐的核心配方和产品样本等，如果被卖给竞争对手，企业就会出现生存危机，因此，在企业招聘涉及核心技术秘密的岗位的拟录用人才时，都会非常慎重，花费一定的资金对拟录用者进行犯罪记录、诚信状况等背景调查。

(3) 部分中高层管理岗位：如运营总监、销售总监、战略管理副总经理等，这些岗位主要涉及企业的运营战略、运营方向、核心客户资源等。所以，大多数企业都会对中高层岗位聘用者进行背景调查，甚至不惜花费资金请外部调查机构进行调查。

3. 背景调查的方法

(1) 在调查之前必须通知求职者，也应该在征得求职者本人同意后开展，限定要调查问题的范围，主要对求职者工作情况有关方面进行调查，而无关的特别是涉及个人隐私的问题，要坚决避免。

(2) 根据具体岗位确定调查强度，岗位职责越大，调查的强度也越大。对于管理人员、重要的职能及关键岗位的聘用尤为重要。

(3) 通过职位分析了解背景分析的重点，不同岗位的要求也不同，因此要事先做好职位分析工作。

(4) 优先选取求职者的前上司或同事进行调查，因为这些人与求职者有最多的工作接触，对求职者的品行、能力、工作态度有更深刻的了解。

(5) 汇总背景调查结果并形成书面材料，为招聘人才提供依据。

4. 背景调查应注意的问题

1) 赢得应聘者的理解和支持

背景调查者应及时向应聘者说明背景调查的有关情况，信守保密义务，保护应聘者的隐私，争取应聘者的配合，取得应聘者的支持和理解。组织应使应聘者意识到提供虚假信息的代价，从源头上减少应聘者提供虚假信息的可能性。应当确认应聘者已经告知原单位离职意向后再开展调查，以免造成不利的影响，既表明对应聘者的充分重视，使其感受到双方处于平等地位，也为日后的合作打下良好基础。

2) 建立健全管理制度

组织需逐步建立并健全与背景调查相关的管理制度及措施，严格人员招聘工作的各项规章制度。组织应明确遵循劳动合同的相关条款，为背景调查提供保障，如：雇员有提供真实信息的义务；设置必要的试用期，为发现问题后的操作留足空间；规定相应责任，对提供虚假材料的情况，一经发现，即刻解除劳动关系。人力资源部门的负责人应当对背景调查工作实施全程监督。

3) 掌握并遵守相关的法律法规

背景调查的方法与其他人力资源管理的甄选方法一样，需要核实该方法的公平性和有效性，确保背景调查没有歧视受调查群体。人力资源部门应随时了解和关注国家颁布实施的有关法律法规，确保在法律法规许可的范围内运用背景调查法进行甄选，不能因调查而侵犯应聘者的隐私权。当应聘者对调查报告所提供的内容存有质疑时，尤其是负面信息或出现完全相反的情况时，人力资源部门应当根据实际需要保留一定的时限开展二次调查，扩大调查范围或重新确定证明人，调整使用的调查方法和技巧，例如，是否与应聘者工作过的组织内各个层级的人员进行了较长时间的面谈，是否对比不同证明人叙述的不同和共同之处等，从而最后确定真实的调查结果。

5. 背景调查的操作步骤

单击"背景调查"按钮，进入背景调查界面。背景调查内容包括基本信息、身份背景调查、学历背景调查和工作背景调查，按照顺序依次进行选择，从而形成背景调查表。其中每一项目下都有可选择子项目，如有其他项目，可选择自定义进行项目添加，具体如图 6-3 所示。

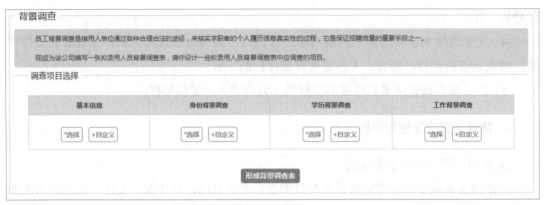

图6-3　调查项目选择

1) 基本信息

单击"选择"按钮，项目选择包括单位名称、单位地址、单位简介、拟录用单位、薪酬、调查时间、调查地点、调查方法、调查小组成员、负责人、负责人联系方式、招聘信息来源等，如图 6-4 所示。

图6-4　基本信息选择

2) 身份背景调查

身份背景具体选择项目一般包括姓名、年龄、出生年月、联系方式、政治面貌、档案所在地、户籍地、家庭住址等，如图 6-5 所示。身份背景调查可以通过收取应聘人员身份证、户口簿、护照等个人信息证件来进行，一般的方式是通知应聘人员携带有关身份或学历及其他方面的证件原件和复印件，原件主要用于真实性的审核，复印件则用于留档。

图6-5　身份背景选择

3) 学历背景调查

学历项目一般包括教育背景、学历证书、学位证书、专业资格证书等，如图 6-6 所示。无论组织提供的岗位对应聘人员的学历要求标准如何，都必须对应聘人员学历的真实性做调查。

图6-6　学历项目选择

4) 工作背景调查

该项目一般包括原单位工作情况、工作时间、工作岗位、工作内容、工作奖惩情况等子项目，如图 6-7 所示。在信息量和传播渠道都十分发达的今天，会有很多的文字资料传授应聘者如何向所应聘组织提供正向性的经历，同时也会传授应聘者要隐藏什么样的工作经历，以及对于应聘组织需要隐瞒什么样的辞职原因，等等。作为需求人员的组织，要想找到适合组织需要的员工，就应该进行背景调查，需要应聘者提供以往工作的单位、工作表现、辞职原因及其他状况。

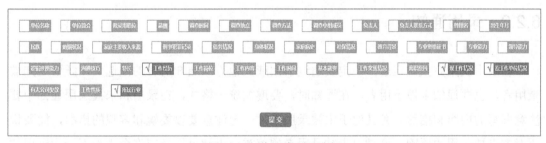

图6-7　工作调查项目选择

5) 形成背景调查表

经过以上四部分的选择调查项目后，就可以单击"形成背景调查表"按钮，从而形成背景调查表，如图 6-8 所示。

图6-8 背景调查表

6.2.2 录用通知

在录用决策完全确定后,一定要通过书面或其他方式通知所有的候选人。既要通知被录用者,也要通知未被录用者。在通知时,要遵循统一格式,在录用和未被录用通知中要注意书写的内容和措辞。尤其对于未被录用者,一定注意要以委婉和客观的措辞,简要说明对方未被录用的原因。这是对未被录用者的尊重,未被录用者或许会成为下一次录用的对象。

录用通知一般包括以下内容:注明报到时需要带的证件和资料,以及体检安排、薪资福利等,同时要检查录用通知中是否有不合法的内容,另外录用通知书的最后可以附上一些小提示,如公司会提供什么。

单击"录用通知",根据人员选拔和背景调查的结果,撰写录用通知书,如图 6-9 所示。

第 6 章 人员录用

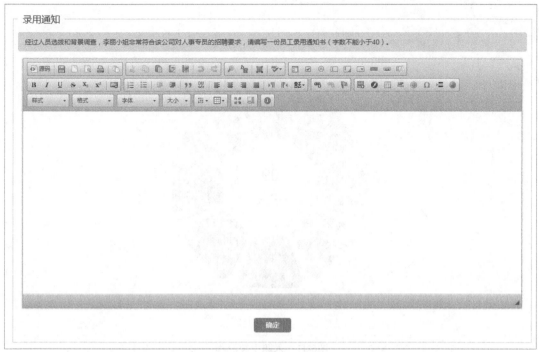

图6-9 撰写录用通知书

撰写完成后，单击"解析"按钮，查看录用通知书详情，如图 6-10 所示。

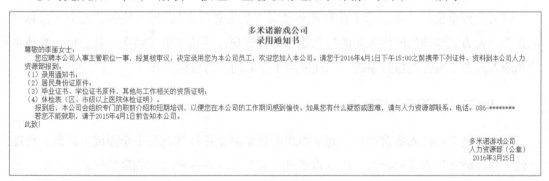

图6-10 录用通知书详情

6.2.3 入职手续

在录用决策做完后，就进入了人员的入职阶段。这个阶段主要有以下九个方面的常规性工作需要处理，如图 6-11 所示。

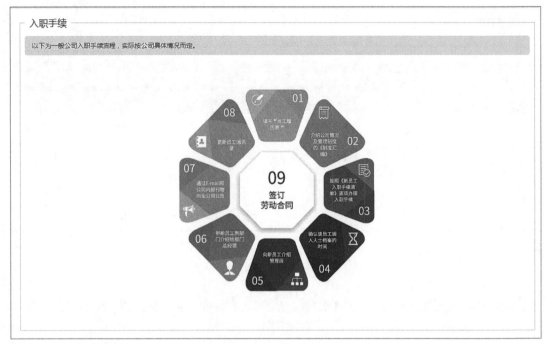

图6-11 入职手续流程

1. 填写员工履历表

新员工到单位后，第一项工作就是要填写"员工履历表"，把一些相关的个人信息登记在册。人力资源部门应将人员的信息进行分类管理，并建立员工档案，甚至把一些基本信息录入人力资源管理信息系统，以便应用于今后的人力资源工作。

2. 介绍公司情况与管理制度

新入职员工由于入职时间短，对于组织的规章制度往往知道得不全面或不清楚，可能导致一些误解和不合理的行为，所以需要进行有关组织的各种规章制度的培训与宣讲。然后，他将知道公司对他的期望是什么，以及他可以对公司贡献什么。在现有的法律制度下，这一步骤显得尤为重要，这是组织履行告知义务的一个重要手段。

3. 办理员工入职手续

多数组织都会要求新员工参加体检，以便保证新入职员工的身体状况符合岗位和组织的相关要求。

4. 确认员工入职档案时间

组织在决定录用相关工作人员后，首先需要把对方的档案转到企业来。在我国，档案转入后才真正代表相关人员可以来单位报到。

5. 向新员工介绍管理层

向新员工介绍管理层是员工进入组织熟悉组织人员的过程。

6. 向新员工介绍部门经理

通过向新员工介绍部门经理和部门其他工作人员,加快新员工融入部门的进程。新进人员对环境感到陌生,但如果把他介绍给同事们认识,这种陌生感很快就会消失,否则,当我们置身于未经介绍的人群中时,大家都将感觉窘困,而新进人员同样也会感到尴尬。友善地将公司环境介绍给新员工,使他消除对环境的陌生感,可协助其更快地进入状态。

7. 向公司内部进行公告

通过内部告知,使组织其他人员了解新入职员工的基本情况,加速新老员工的熟悉和了解,便于今后工作的开展和合作。

8. 更新员工通讯录

在通讯录中添加新员工的联系方式等信息,更新员工通讯录,便于日后的联系。

9. 签订劳动合同

在当前我国的劳动法律背景下,企业一定要与录用人员签订劳动合同。从 2008 年起,根据《中华人民共和国劳动合同法》第 82 条的规定,用人单位自用工之日起超过一个月不满一年未与劳动者订立书面劳动合同的,应当每月向劳动者支付两倍的工资。

6.2.4 入职培训

对于新录用的人员,一定要进行入职培训。新入职的员工,可能会对自己是否能够适应新的工作环境和岗位要求、个人发展空间如何、能否融入新的企业文化等问题产生疑虑。针对这种情况,就要对新入职员工进行必要的岗前培训,让新员工全面了解单位情况,了解岗位工作的要求与流程,了解企业文化体系,以及工作制度与行为规范,使新员工尽快融入团队;帮助员工明确自己工作的职责,同时也可以帮助他们减少心理上的不适应感觉,尽快进入工作角色。另外,在当前竞争越来越激烈的形势下,入职培训对于企业和员工都非常迫切。入职培训可以使员工了解企业的整体情况,以便加强对企业的认同感;可以使员工深入理解企业文化，以便让员工尽快融入企业；可以使员工尽快熟悉工作的相关制度，尽快适应工作的要求。

单击"入职培训"，查看员工入职培训的相关表格，包括培训记录表、岗位培训反馈表、试用期考核表、转正申请表等。单击相应按钮，可查看具体内容，如图6-12所示。

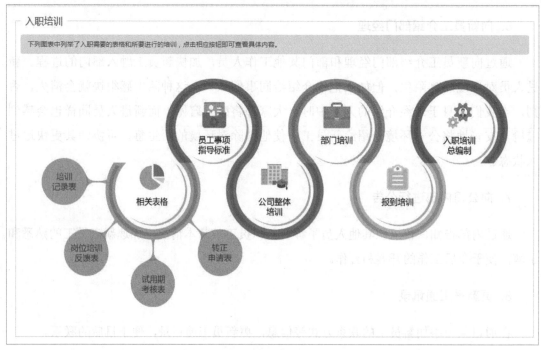

图6-12　入职培训

1. 入职培训的目的

（1）让员工尽快了解工作内容、知晓工作要求，以便使员工尽快适应工作岗位，缩短其适应新环境、新岗位的过程，提高工作效率。

（2）帮助新员工更快地胜任本职工作。

（3）向新员工展现清晰的岗位职责及组织对个人的期望，清楚地告诉新员工其岗位及职责，以及组织期望他做什么。

（4）让新员工尽快融入团队，融入企业文化。向新员工灌输企业的核心价值观和文化理念，使其认同企业的组织文化，用企业共同的价值观看待问题、处理问题。这是新员工入职培训最核心、最重要的目的。

2. 入职培训相关表格

（1）新员工部门岗位培训检查监督表。

（2）新员工岗位培训反馈表。

(3) 新员工试用期内表现评估表。

(4) 新员工转正申请表。

3. 员工事项指导标准

1) 如何使新进人员有宾至如归的感受

当新进人员开始从事新工作时，成功与失败往往取决于其入职的最初数小时或数天中，而在这段时间内，也最易于形成好或坏的印象。新工作与新上司也和新进员工一样受到考验，所以主管人员成功地给予新聘人员一个好的印象，就如新进人员要给予主管人员好印象同样重要。

2) 以下政策需仔细说明

(1) 付薪方法。

(2) 升迁政策。

(3) 安全法规。

(4) 员工福利。

(5) 人事制度。

(6) 员工的行为准则。

上述政策一定要在新员工刚进入组织时就通过各种途径和手段进行宣示和解释。

3) 给予安全培训

为了防止发生各种意外伤害，需要结合新入职人员的岗位工作内容与环境，对新入职人员进行安全培训，使其明白理解安全指导原则。安全训练的内容具体包括以下几项。

(1) 工作中可能发生的意外事件。

(2) 各种事件的处理原则与步骤。

(3) 各种安全常识。

采用一定的手段对新入职员工进行各种安全测试，了解检查新入职员工对"安全"的理解掌握程度。

4) 解释付薪计划

新进人员急于知道下列问题。

(1) 何时发放薪金。

(2) 上、下班时间。

4. 入职培训的主要内容

入职培训的基本内容主要有公司一般性培训和部门专业性培训两个方面。一般性培训的内容是针对企业层面一般的知识、理念等的培训，而专业性方面主要是对具体工作、业务方面的培训。

1) 公司一般性培训的内容

公司一般性培训内容主要包括以下方面。

(1) 组织概况(包括组织的创立发展过程、组织的文化理念、组织愿景战略、价值观)。

(2) 组织所在行业的整体概况，组织在行业中的地位、发展前景。

(3) 本企业基本的产品／服务知识、制造与销售情况。

(4) 企业的规章制度与组织结构。

(5) 组织的行为规范、需要保守的商业机密、职业道德要求。

(6) 组织的薪酬和晋升制度。

(7) 组织的劳动合同、薪资福利与国家法律规定的社会保险等。

(8) 单位在安全和卫生方面的制度。

2) 部门专业性培训的内容

部门专业性培训主要包括以下方面。

(1) 工作场所、办公设施设备的熟悉。

(2) 内部人员的熟悉(本部门上级、下属、同事；其他部门的负责人、主要合作的同事)。

(3) 了解业务、流程、职责、权限，包括客户、产品、市场、行业、对外联络方，有时需实地进行，如参观生产、仓库、研发实验室等，视岗位而定。

(4) 专业性的技术、业务、财务等管理方法训练。

3) 入职培训的主要方法

对于一般性的政策和制度方面的内容，可以采取讲授、讲座、参观等方法；对于企业文化、企业理念、团队合作方面的培训内容，可以采取讲座、拓展训练、活动等方式。如果是专业性的培训，可以采取参观、演练、优秀员工示范、经验座谈等方式。总之，要根据不同的入职培训内容，以及录用人员的多少，采用不同的方法来组织培训。

入职培训后，也要进行培训效果的评估，如果一位员工在入职培训时都不合格，接下来的工作状态就可想而知了。所以，组织需要对新进人员的入职培训进行适当的评价。

第 7 章 招聘评估

本章首先讲述了招聘评估的内涵、作用及招聘评估标准。其次引入了评估指标体系的内容，具体包括录用人员评估、招聘成本效益评估、招聘工作评估。最后讲述了招聘评估主要从三方面进行：①招聘的渠道评估，即从招聘渠道的类型和有效性进行评估；②数量评估，主要从应聘比、录用比和招聘完成比三方面进行；③质量评估，指标有录用合格比、基础合格比等。

7.1 知识要点

招聘工作结束后，还应该对招聘工作进行评估，通过对招聘数据的整理、统计与分析，发现本次招聘工作成功与失败之处，为以后的招聘工作提供改进的方法和建议。

7.1.1 招聘评估的内涵

组织招聘过程涉及多个方面的环节，招聘评估是招聘环节的结尾，从而使招聘工作成为一个完整的闭环，有利于组织通过总结招聘工作中成功的经验和不足，而且有助于检验招聘工作各环节是否有效，并且找到原因来提高招聘质量，从而有效地改进今后的招聘组织工作，并且可以引导和督促组织的招聘部门做好计划，组织、控制好招聘工作，这样就可以提高组织整体上的经营绩效。一般来说，招聘效果评估具体包括对组织招聘结果、招聘成本和招聘方法等方面的考察，可以考察数量、质量、时间、成本四个方面，以及需要关注的其他内容。

1. 招聘评估的作用

招聘评估是对新进员工的绩效审核，分析其能力及工作潜力，并在此基础上分析招聘工作和方法的时效性，进而改变招聘的策略和方法，或者对组织的招聘资源进行优势重组。

招聘评估的作用具体体现在以下几个方面。

1) 有利于降低招聘费用

招聘评估包括招聘结果的成效评估(具体包括招聘成本与效益评估、录用员工数量与质量评估)和招聘方法的成效评估(具体包括招聘的信度与效度评估)，因而通过招聘评估中的成本与效益核算，就能够使招聘人员清楚费用支出情况，分清哪些是应支出项目，哪些是不应支出项目，有利于节约今后的招聘支出，降低今后的招聘费用。

2) 有利于检验招聘工作的有效性

通过招聘评估中录用员工数量评估，可以看出招聘是否满足了招聘的数量要求，如果满足就需要总结经验，如果不能满足招聘的数量要求，就需要找出原因，从而为今后的招聘工作提供经验，并为今后的人力资源规划修订提供依据。

3) 有利于检验组织招聘工作成果与招聘方法的有效性程度

通过对录用员工质量评估，可以了解招聘到的员工的工作绩效、工作行为表现、员工的实际能力、以后的工作潜力，从而可以了解招聘到的员工与招聘岗位要求的符合程度，这样就可以为改进招聘流程、招聘方法、招聘组织实施员工培训和为员工的绩效评估提供必要的、有用的信息。

4) 有利于提高招聘工作质量

通过招聘评估中招聘信度和效度的评估，可以有效地确认招聘过程中所使用的各类招聘方法的正确性与有效性，从而使组织不断积累反馈招聘工作的经验，修正招聘过程中的种种不足，最终提高招聘的工作质量。

招聘评估是招聘活动中最重要的组成部分，主要是通过对组织招聘流程的效益和成本进行具体核算，从而详细了解在招聘过程中相应的费用支出的合理性。在此基础上就可以有针对性地确定应招聘项目的必要支出和不应支出部分。通过招聘评估的审核，减少了不必要、不合理的支出，相应地控制了支出的成本，为以后的招聘提供丰富的参考资料和经验。

2. 招聘评估的标准

招聘活动成功与否的影响因素有许多种，本部分选取以下五个标准来判断招聘的效果。

1) 准确性

招聘的准确性主要是从招聘过程中所选用甄选评价工具的评估内容、甄选选用素质测评方法的合理程度，以及与岗位的工作内容性质相吻合的程度来判断，其最终效果取决于组织人事部门和用人部门负责招聘录用的人员是否真正了解空缺职位的岗位素质要求。例如，招聘高级管理人员，必须测评其管理知识、人际沟通能力、解决问题的能力，以及性格、智力等方面的专业知识，否则甄选将没有意义。

2) 可靠性

可靠性是指招聘方法对于应聘者的评价结果在多大程度上反映其素质的实际情况。这主要取决于招聘甄选方法的效度。例如，通过面试与笔试相结合的方法测评市场营销人员的市场营销知识比较可靠，而要了解应聘者的个性特点就应该借助于专门的心理测验等方法。

3) 客观性

客观性是指招聘过程尽量不受主观因素的影响，客观地对应聘者进行评价，具体包括两个方面：一是招聘者不应受个人的偏见、价值观等主观因素的影响，客观地对应聘者进行评价；二是不应因应聘者的社会地位、种族、宗教、性别、籍贯、容貌等因素受到不公正的待遇。

4) 全面性

全面性是指测评内容是否具有完整性，能否全面反映胜任该职位所必需的能力。要想全面地对应聘者进行评价，首先需要明确各职位各方面的任职资格要求，包括职业道德素养、专业素质、身体素质等。就专业素质来讲，不仅包括专业知识，还包括专业技能及专业领域的工作经验等。

5) 适合性

适合性是指招聘录用人员与职位需求是否匹配。"合适的就是最好的"，松下公司的招聘理念之一是"招聘70分的人才"，再将他们培养成"100分的人才"。招聘活动是否成功最终要看录用人员与职位的匹配度，这将决定他们的稳定性、工作能力的发挥程度及对组织的贡献度。

7.1.2 招聘评估指标体系的内容

1. 招聘成本效益评估

招聘成本效益评估是指对招聘中所涉及的相关费用进行调查、核实、统计,并对照招聘预算进行评价的过程。招聘成本效益评估是鉴定招聘效率的一个重要指标。

$$招聘单价=总经费(元)\div录用人数(人)$$

制定招聘预算应该在做招聘成本评估之前。一般每年的组织招聘预算会是全年人力资源开发与管理总预算的一部分。组织的招聘预算主要包括招聘渠道与广告预算、招聘方法测试预算、应聘者体格检查预算及其他预算,其中招聘广告预算占据招聘预算相当大的比例,一般来说招聘预算按 4∶3∶2∶1 的比例分配预算较为合理。

2. 录用人员评估

录用人员评估是指根据招聘计划及其完成情况对招聘录用人员的质量和数量进行评价的过程。

录用人员的数量可用以下几个数据来表示。

(1) 录用比公式。

(2) 招聘完成比公式。

(3) 应聘比公式。

(4) 录用人员的质量。

3. 招聘工作评估

(1) 平均职位空缺时间。该指标反映平均每个职位空缺多长时间能够有新员工补缺到位,以反映招聘人员的工作效率。该指标越小,说明招聘效率越高。

平均职位空缺时间计算公式如下。

$$平均职位空缺时间=职位空缺总时间\div补充职位数\times 100\%$$

(2) 招聘合格率。该指标反映招聘工作的质量,这里的合格招聘人数是指顺利通过岗位适应性培训、试用期考核,最终转正的员工。

(3) 新员工对招聘人员工作有良好的满意度,可提高招聘人员的工作水平。

(4) 新员工对组织的满意度。该项评估一定程度上反映了新员工对组织的认可程度。

7.1.3 招聘评估的主要分类

组织可以就招聘工作的流程、招聘中的具体活动、招聘的方法、招聘中涉及的相关人员、招聘成本与招聘效用等多方面进行评估,也可从多方面对招聘工作进行系统的评估。

1. 招聘工作流程的评估

招聘工作流程的评估是按照招聘工作的具体流程中的各项活动(如招聘计划、招聘、应聘、面试、录用)而展开的评估。

2. 招聘中某项具体活动的评估

招聘中某项具体活动的评估是对整个招聘过程某一具体活动的开展过程和结果进行的评估。例如,对参加某次校园招聘会的评估,对聘请外部专家、进行管理人员甄选活动的评估等。

3. 招聘方法的评估

招聘方法的评估主要是对招聘工作所采用的某种具体方法的效果进行的评估。其主要涉及招募方法和甄选方法的评估。

4. 招聘中相关人员的评估

招聘中相关人员的评估是对组织招聘中涉及的人员的评估。这些人员包括人事部门中涉及招聘工作的招聘专员、招聘主管、用人部门主管、面试考官、甄选组织人员及辅助人员、新录用人员等。

5. 招聘成本与效用的评估

招聘成本与效用的评估是对组织用于招聘工作中的费用进行总量和个量的评估,也是对这些费用所产生的实际效用的评估。

7.2 实战训练

在用人单位的实际操作过程中,招聘评估主要包括招聘渠道评估、招聘数量评估、招聘质量评估三个部分的工作内容,为了便于同学理解与操作,本章的实战训练将结合这三个主要内容的操作进行具体的说明，如图7-1所示。

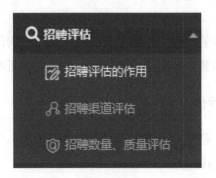

图7-1　招聘评估

7.2.1　招聘渠道评估

组织的招聘渠道一般可以分为内部招募和外部招募两种招募形式。一般而言，内部招募比外部招募在招募成本、招募时间、甄选的准确度方面更有优势，而数量方面明显存在劣势，在招募质量方面一般比较差。鉴于内部招募主要针对行政管理岗位，所以，企业的大部分招募对象主要是依靠外部招募来解决，因而对外部招募渠道的招募效果进行比较分析也就很有必要。

1. 招聘渠道类型

外部招募渠道主要有门户网站、专业招聘网站或人才市场、代理招募机构、各种类型的猎头公司、电视招聘广告、报纸或专业杂志招聘广告、员工推荐等。不同的招聘渠道在招聘工作中表现出来的效率是不同的，如不同的招聘信息发布渠道、招聘广告对于目标群体的覆盖面、吸引到的应聘者的人数和结构等都不相同。就招聘信息发布渠道而言，有电子网络、期刊报纸、专业杂志、校园招聘等，招聘渠道上则可以选择现场招聘、网络招聘、人才猎头、熟人推荐、内部选拔等方式。面试评价过程中的甄选方法不同，所产生的效度，即可以选择到与岗位匹配的最佳申请人的可能性也不同。

因此组织可以通过招聘渠道分析选择最有利的招聘渠道，找出能够为企业招聘工作带来低成本、高效率、高效益、高信度和高效度的招募渠道，并在后继的招募工作中加以利用改进。对于不同的招募渠道，企业要在招募数量、质量、成本、信度和效度等几个方面进行比较评估分析，由于企业的性质、类型、行业、生命周期阶段、地理位置等不同，也由于招募对象的类型、层次、素质、喜好等不同，我们不统一地说什么招募渠道"好"或"不好"，只能具体情况具体分析。

2. 招聘渠道有效性分析

一般而言,组织在招聘渠道评估中,主要是分析招聘渠道的有效性和招聘方式的有效性。

1) 招聘渠道有效性分析

招聘渠道有效性分析主要可以通过计算不同招聘信息发布渠道的招聘结果和招聘成本来进行分析比较,从而可以对不同招聘渠道的招聘效果进行评价排序。不同的信息发布渠道、广告的覆盖面、吸引到的应聘人数和结构等都不相同。例如,某公司对机械操作工的招聘渠道进行分析发现,通过网络渠道招聘很难招到合适的电工、木工、机床维修等蓝领工人,而通过当地报纸和户外媒体则效果较好。

2) 招聘方式有效性分析

通过计算不同招聘方式下招聘结果和招聘成本,考察不同招聘方式在企业的实际招聘效果时发现,由于企业的行业、招聘岗位、招聘地区和招聘对象不同,因此在评价不同招聘渠道的区别时,应分开考虑这些变量。例如:某一房地产公司因项目发展迅速,长期招聘项目负责人,他们发现,猎头和熟人推荐方式较为满意,而网络招聘则存在较多的信息不对称现象。

3. 招聘渠道评估的操作步骤

单击"招聘渠道评估"按钮,阅读背景资料,填写表格,完成公司招聘渠道评估,如图 7-2 所示。

序号	招聘渠道	总成本费用	主动询问人数	求职申请数	每份申请的成本	通过初审人数	每人成本
	职位空缺	4		招聘的需求	53		
1	校园招聘	1050	88	25	42	19	55.26
2	现场招聘会	38445	104	520	73.93	27	1423.88
3	网络招聘	10274	80	245	41.93	14	733.85
4	其他渠道	2780	112	51	54.5	11	252.72

图7-2 招聘渠道评估

填写完成确定后,单击"解析"按钮,查看解析详情,如图 7-3 所示。

职位空缺		4		招聘的需求		53	
序号	招聘渠道	成本费用	主动询问人数	求职申请数	每份申请的成本	通过初审人数	每人成本
1	校园招聘	1050	88	43	25	20	52.5
2	现场招聘会	38445	104	74	520	27	1423.89
3	网络招聘	10274	80	42	245	14	733.86
4	其他渠道	2780	112	55	51	11	252.73

图7-3 招聘渠道评估解析

7.2.2 招聘数量评估

我们可以从多个方面检验招聘工作的有效性，其中一个重要方面就是对录用员工数量的评估。即可以通过分析招聘工作在招聘员工数量方面为什么会满足或不满足组织的需求，从而可以分析出招聘流程中各项工作的不合理的方面，并在此基础上对招聘各环节涉及的工作进行改进；同时，通过应聘人员录用数量与组织计划的招聘数量之间的对比，可以为以后的组织人力资源规划的改进提供建议和方案。招聘数量评估主要从录用比、招聘完成比和应聘比三方面进行。

1. 录用比公式

$$录用比 = 录用人数 \div 应聘人数 \times 100\%$$

录用比越小，表明对组织来说可供选择的人员越多，实际录用者的素质也越高，但同时也加大了组织的招聘成本；反之，则实际录用者的素质可能较低。

2. 招聘完成比公式

$$招聘完成比 = 录用人数 \div 计划招聘人数 \times 100\%$$

该比率说明新员工招聘计划完成情况。如果招聘完成比等于或大于100%，则说明在数量上全面或超额完成了招聘计划。比率越小，说明招聘员工数量越不足。

3. 应聘比公式

$$应聘比 = 应聘人数 \div 计划招聘人数 \times 100\%$$

应聘比在某种意义上可以说明员工招聘信息发布的效果，以及员工招聘的挑选余地和信息发布状况。通常来说，该比例越大，招聘信息发布的效果越广、越有效，组织的挑选余地也就越大，招聘信息发布的效果越好，同时说明录用人员素质可能较高。反之，应聘比越低，通常表明组织招聘的信息发布不适当或无效，组织的挑选余地也越小。一般来说，评聘比率至少应在 200%以上，招聘的岗位越重要，该比率应越大，这样才能保证录用者的质量。

7.2.3 招聘质量评估

招聘质量评估是对所录用的员工入职后的工作绩效行为、实际能力、工作潜力的评估，它既有利于改进招聘方法，又为员工培训、岗位绩效评估提供了必要的信息，实际上是人员招聘选拔过程中进行的知识、技能、潜力、素质等各种测试与考核的延续，也可根据招聘要求或从工作分析中得出结论，对录用人员进行等级排列来确定招聘质量，其方法与绩效考核方法相似。

1. 常用的指标

$$录用合格比=录用人员胜任工作人数÷实际录用人数×100\%$$
$$基础合格比=以往平均录用合格比$$
$$录用合格比与基础合格比之差=录用合格比-基础合格比$$

其中，录用合格比一般用试用期考核合格转正的人数与同批次总的员工录用人数之比来表示。基础合格比是反映以往招聘有效性的绝对指标，用以往平均录用合格比来表示。录用合格比与基础合格比之差反映当前招聘的有效性是否高于以往招聘的有效性的平均水平，可以不断提高招聘方式的有效性。

实践中有人用简单的数量对比，例如，用现有人员胜任工作人数除以实际聘用人数来计算招聘工作基础合格比，这样有失偏颇。

2. 招聘数量、质量评估的操作步骤

单击"招聘质量和数量评估"按钮，阅读背景资料，完成公司招聘数量、质量表，如图 7-4 所示。需要注意的是，一般而言，求职人数大于或等于录取人数，录取人数大于或等于入职人数，入职人数大于或等于转正人数。

填完后，单击"解析"按钮，查看解析详情，如图 7-5 所示。

图7-4 招聘数量、质量评估

公司总人数		219			往年流动率		11.32	
序号	求职人数	录取人数	入职人数	转正人数	一年内离职人数	一年内晋升人数	一年内辞退人数
1	214	72	53	49	6	0	0

图7-5 招聘数量、质量评估解析

第 8 章 招聘与甄选综合实训

本章以具体的案例为背景,以基于仿真模拟的招聘与甄选专业技能实训系统为教学平台,以企业人员招聘与甄选的总流程为导引,借鉴人力资源管理沙盘模拟的设计理念与经营原则,对招聘与甄选活动进行综合训练。实训中将学生分为6~8组,每组即代表一个公司的招聘小组。每个公司初始状态相同,基于相同的经营背景,遵循相同的经营规则,自行开展招聘与甄选活动。系统根据事先设计的评价指标在每一次完整的招聘与甄选活动(以一个月为一次招聘周期)结束后对各公司的招聘与甄选活动成效进行综合评价并排名。

8.1 实训背景

本节重点对极光科技股份有限公司所处的行业状况、公司面临的人才市场及公司的人员与组织结构、公司的薪资水平、公司的生产经营与收益、公司的招聘与选拔任务进行介绍,以此作为本招聘与甄选综合实训的案例背景。

8.1.1 行业介绍

近年来,借着政策"东风",我国智能仪器仪表行业发展势头良好。仪器仪表行业作为制造业中不可或缺的一个组成部分,其智能制造升级与自动化改造成果也极大影响中国制造业的发展进程。推进智能仪器仪表产业的发展，是当前仪器仪表产业转型升级、深化改革的重要方向。

随着政府对民生关注的大大提高，人们对食品安全、药品安全、环境监测等相关仪器仪表的要求源源不断地出现。尽管我国仪器仪表起步较晚、发展缓慢，但经过20多年的飞速发展，仪器仪表市场竞争格局正悄然发生改变，尤其是"十二五"期间，智能仪器仪表受到国家产业政策的支持鼓励，获得了较为显著的发展。

在工业4.0时代的潮流中，近几年仪器仪表产业结构发生着根本性的变革，从仪器仪表技术的发展趋势来看，仪器仪表的智能化是不可逆转的发展趋势。目前，中国的智能仪器仪表市场已经进入充分竞争阶段，未来在物联网领域的应用前景广阔，行业内具备竞争实力的企业也将逐步探索从纯粹的设备销售到"设备+运营"的商业模式。

8.1.2 人才市场

高科技产业的不断发展，市场上的优秀人才络绎不绝，每年有4000～5000名求职者在不同招聘渠道中寻找心仪的岗位。

传统的在报纸上刊登招聘启事和前往人才招聘市场现场招聘的方式依旧是企业发布招聘信息的重要渠道，省、市人才招聘市场每月都会安排大型的专场招聘会为各行业输送急需紧缺人才。

猎头公司是专门为一些企业提供高端人才的中间人，其服务包括发现、追踪、评价、甄选高级人才，许多公司通过猎头招聘的方式获得更适合企业需求的人才。

依托网络终端，求职招聘更显便捷和快速。除了在众多的网络招聘平台上发布招聘信息，还有越来越普及的微信朋友圈，发布一条招聘信息，可以在一瞬间通知到所有的朋友，信息迅速又大范围地扩展开去；每个公众号都会积累相应的各自领域的众多粉丝，而如果在这个公众号中有效及时地发布自己的招聘信息，那么相关行业、相关领域的人一定会更快速地接收到这条招聘信息。同时还有公司官网、自媒体等网络招聘的方式不断受到企业的关注。

各大高校更是重视应届毕业生的就业情况，为了促进高校毕业生充分就业，众多高校向企业开放招聘渠道，安排集体校园招聘会，为有意向的企业安排宣讲以吸引应届毕业生前来，还会刊登一些就业信息到学校的相关信息发布平台。

8.1.3 关于企业

极光科技股份有限公司是一家生产智能化仪器仪表的高新技术企业。公司积极响应国家节能减排的号召,长期致力于供热系统节能减排智能产品的研发与推广工作,成了热量表行业的优秀代表。成立以来,公司依靠科技求发展,不断为新老用户提供满意的高科技产品,凭借先进的设备和雄厚的技术力量,根据市场的需求,在充分引进吸收国内外先进技术的基础上,先后推出了机械式热量表、超声波热量表及 IC 卡式热量表、IC 卡式智能水表等几大系列产品,并已广泛应用于住房、医疗、卫生等各个领域。

1. 人员与组织结构

随着企业的不断发展,新的一年企业准备在 A 市科技产业园区中建立一家子公司,成立初期将从总公司抽调一部分优秀员工任职于子公司。子公司在总经办下设有生产管理部、产品研发部、市场营销部、人力资源部和财务部五大部门,子公司初始人员安排与组织结构情况如图 8-1 所示。

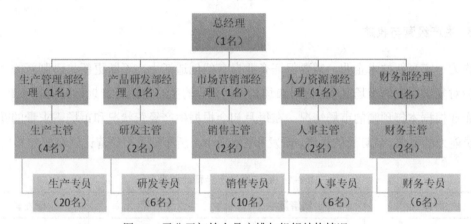

图8-1　子公司初始人员安排与组织结构情况

公司的五个部门各有 1 名经理管理,每名经理下又设有若干部门主管协助管理部门员工。人力资源部和财务部的人员配置与其他三个部门人员相关,每 6 个销售、生产、研发专员将至少需要配置 1 名人事专员和 1 名财务专员。考虑到任何领导人员,因受其精力、知识、经济等条件的限制,能够有效领导的下级人数是有限度的,极光科技综合考虑各种因素,制定了公司管理层的有效管理幅度。管理人员在管理幅度范围内能够充分发挥自身的能力,超过幅度上限或未达幅度下限都会使企业内部管理失衡,影响企业运营。

当然,人员的自然流失也是企业不可避免的,预计每月都会有一部分员工由于退休、辞职等因素离开公司,其中,经理的自然流失率约为 5%,主管的自然流失率约为 8%,而专员的流失率在 10%左右。

2. 薪资水平

子公司的薪资水平将在接下来较长的一段时间保持不变,总经理 33 200 元/月,其他岗位的月工资水平如图 8-2 所示。

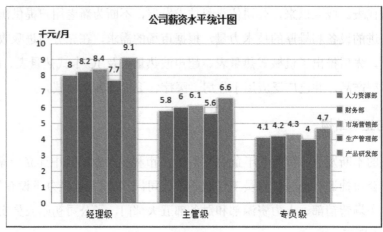

图8-2 公司薪资水平统计图

3. 生产经营与收益

作为一家高新技术企业，需要保证企业自身的创造活力，不断更新与研制新的产品；为了应对复杂多变的市场环境，应对市场竞争，企业的生产与销售计划每月也在不断变化。

企业根据本年预测的市场情况，在每月初会根据生产经营状况和市场需求量的变化及对人员能力的要求，制订新的生产、研发和销售计划。新年度生产经营计划表如表 8-1 所示。

表8-1 新年度生产经营计划表

时间	销售量	生产量	研发量
1月	1020	1850	858
2月	1150	2072	1040
3月	1496	2220	1170
4月	1700	2368	1404
5月	1972	2442	1482
6月	2244	2590	1326
7月	2380	2738	1560
8月	2516	2812	1717
9月	2720	2960	1872
10月	2992	3108	1716
11月	2584	2812	1404
12月	2448	2664	1248

公司的资金收入主要是由在职员工为公司创造的效益转化而来的，每个员工都能为公司的发展做出贡献，不同岗位的员工为公司创造的效益不同，每个人的能力不同也会使同一岗位的不同员工给企业带来的效益大不相同。各岗位人员基础效益如表 8-2 所示。

表8-2 各岗位人员基础效益表

	总经理	人力资源部	财务部	市场营销部	生产管理部	产品研发部
经理	664	160	164	168	154	182
主管	/	116	120	122	112	132
员工	/	82	84	86	80	94

8.1.4 公司招聘与甄选任务

企业的招聘与人才的甄选工作一直都是上层领导特别关注的，并且目前公司正处于蓬勃发展的好时机，正需要大量的新鲜"血液"注入，保证企业的活力。人力资源部根据当月的生产经营计划制订招聘计划，并且公司会拨付一笔招聘专项资金用于人才招聘。除了通过外部招聘渠道进行人员招聘，也鼓励公司内部员工推荐一些人才加入公司。月末对公司人员进行考核，优秀的员工可以安排岗位晋升。岗位晋升不仅能够激励员工，还可以使公司规模不断扩大，吸引更多的人员加入公司。

公司对人才引进秉着宁缺毋滥的原则，在最终确定录用前需要通过一些甄选方法对应聘者的几项重要能力进行评估，选择符合岗位要求的人员加入公司大家庭。目前公司主要考核的能力是以下八项。

(1) 知识能力。知识能力是指人才在具体某一领域拥有的专业技能知识的能力，主要包括人事管理能力、生产能力、研发能力、销售能力、财务管理能力。

(2) 表达沟通能力。表达沟通能力是指每个员工与他人有效地进行沟通信息的能力。

(3) 管理能力。管理能力是指系统组织管理技能、领导能力等的总称，是提高组织效率的能力。

(4) 判断决策能力。判断决策能力是指员工参与决策活动、进行方案选择的技能和本领。

(5) 团队协作能力。团队协作能力是指在团队中发挥团队精神、互补互助以达到团队最大工作效率的能力。

(6) 创新能力。创新能力是指在技术和各种实践活动领域中不断提供具有经济价值、社会价值、生态价值的新思想、新理论、新方法和新发明的能力。

(7) 综合分析能力。综合分析能力是指把事物的各个部分和要素联结成一个整体加以考查，从内在的相互关系中把握事物的本质和整体特征的能力。

(8) 职业素养。职业素养主要包括员工的职业道德、职业思想、职业行为习惯、职业技能。

由于甄选方式的限制，一种甄选方法不能将八种能力全部都展现出来，于是企业安排了笔试、面试、心理测评、角色扮演、管理游戏、公文筐、无领导小组、投射技术等甄选方法，每种甄选方法都能体现 3~4 种能力，可以通过一种或多种方式组合对人员进行综合评价。

面对日新月异的市场需求和企业每月的经营计划，我们需要在每一经营月度都对企业的招聘工作制订计划，去各类人才市场网罗优秀人才，从众多的求职者中甄选出符合企业招聘要求的人才入职，让企业能够不断向前发展。

8.2 实训规则

招聘与甄选综合实训必须遵循一定的规则，借助相应的规则对实训活动进行指引与规范。本节以案例背景为基础，首先交代了案例公司的初始状态，然后详细介绍本招聘与甄选综合实训的活动规则。

8.2.1 公司初始状态

公司的初始状态包括初始资金、运营周期、人员配备及岗位薪酬等。

1. 初始资金

公司的初始资金总计 50 万元，总资金分为运营资金和招聘费用。

2. 运营周期

公司运营以一个月为一个经营周期，可经营 12 个月。

3. 人员配备

公司的人员配备包括人员初始配置、人员配比及管理幅度。

1) 人员初始配置

公司人员初始配置如表 8-3 所示。

第8章 招聘与甄选综合实训

表8-3 公司人员初始配置

	总经理	人力资源部	财务部	市场营销部	生产管理部	产品研发部
经理	1	1	1	1	1	1
主管		2	2	2	4	2
专员		6	6	10	20	6

所有人员皆具有8种能力,包括知识能力(人事管理能力、生产能力、研发能力、销售能力、财务管理能力)、表达沟通能力、管理能力、判断决策能力、团队协作能力、创新能力、综合分析能力、职业素养。每个人的能力值都是不同的。注意,每月工作计划与员工创造的效益皆与人员的能力值大小有关,仅代表数值大小,无具体单位。

2) 人员配比

人员录用、晋升与转岗要符合配比要求。企业每6个销售/生产/研发专员至少需要配置1名人事专员和1名财务专员。

3) 管理幅度

本公司岗位管理幅度如表8-4所示。

表8-4 本公司岗位管理幅度

	总经理	人力资源部	财务部	市场营销部	生产管理部	产品研发部
经理	1	1	1	1	1	1
主管		1~3	1~3	2~5	2~6	1~3
专员		2~5	2~5	3~7	3~7	2~5

上级可管理人数不可超过最高限制。

4. 岗位薪酬

本公司岗位薪酬如表8-5所示。

表8-5 本公司岗位薪酬

单位:元/月

	总经理	人力资源部	财务部	市场营销部	生产管理部	产品研发部
经理	33 200	8000	8200	8400	7700	9100
主管		5800	6000	6100	5600	6600
专员		4100	4200	4300	4000	4700

8.2.2 运营规则

1. 当月开始

在每月初,根据上一月公司所有人员产生的效益,作为收入注入总资金中。

2. 岗位编制

根据公司工作计划表和员工能力表制定本月岗位编制,公司各月度工作计划如表8-1所示。

公司员工初始能力表如表8-6所示。

表8-6 公司员工初始能力表

姓名	职位	知识能力				表达沟通能力	管理能力	判断决策能力	团队协作能力	创新能力	综合分析能力	职业素养
		人事管理能力	生产能力	研发能力	销售能力	财务管理能力						
YS	总经理	90	90	85	80	85	86	87	88	89	80	81	92
YRM1	人事经理	85	75	70	75	80	85	80	80	85	80	81	89
YRC1	人事主管	80	63	60	65	62	76	70	68	79	65	74	80
YRC2	人事主管	80	63	60	65	62	76	70	68	79	65	74	80
YSC1	生产主管	72	85	70	75	65	80	70	72	82	50	62	78
YSC2	生产主管	72	85	70	75	65	80	70	72	82	50	62	78
YSC3	生产主管	72	85	70	75	65	80	70	72	82	50	62	78
YSC4	生产主管	72	85	70	75	65	80	70	72	82	50	62	78
YCC1	财务主管	70	74	79	73	85	66	67	67	70	76	67	79
YCC2	财务主管	70	74	79	73	85	66	67	67	70	76	67	79
YXW1	销售专员	66	69	62	65	71	79	71	76	64	58	70	66
YXW2	销售专员	66	69	62	65	71	79	71	76	64	58	70	66
YXW3	销售专员	70	75	62	74	71	62	66	60	79	62	72	82
YXW4	销售专员	66	69	62	65	71	79	71	76	64	58	70	66
YXW5	销售专员	65	69	63	66	62	72	63	56	67	58	78	65
YXW6	销售专员	70	75	62	74	71	62	66	60	79	62	72	82
YXW7	销售专员	65	69	63	66	62	72	63	56	67	58	78	65
YXW8	销售专员	66	69	62	65	71	79	71	76	64	58	70	66

(续表)

姓名	职位	知识能力					表达沟通能力	管理能力	判断决策能力	团队协作能力	创新能力	综合分析能力	职业素养
		人事管理能力	生产能力	研发能力	销售能力	财务管理能力							
YXW9	销售专员	70	75	62	74	71	62	66	60	79	62	72	82
YXW10	销售专员	66	69	62	65	71	79	71	76	64	58	70	66
YRW1	人事专员	72	66	63	64	68	56	67	71	68	76	78	61
YRW2	人事专员	72	66	63	64	68	56	67	71	68	76	78	61
YRW3	人事专员	75	54	63	49	62	64	73	68	70	65	60	73
YRW4	人事专员	72	66	63	64	68	56	67	71	68	76	78	61
YRW5	人事专员	70	66	65	62	52	76	73	80	39	80	52	42
YRW6	人事专员	75	54	63	49	62	64	73	68	70	65	60	73
YXC1	销售主管	65	68	71	85	60	76	67	80	79	80	56	67
YXC2	销售主管	65	68	71	85	60	76	67	80	79	80	56	67
YXM1	销售经理	81	71	70	93	60	91	89	85	79	60	72	86
YSM1	生产经理	70	91	75	50	65	56	70	85	89	90	93	80
YCW1	财务专员	61	68	67	63	70	56	66	73	69	64	71	68
YCW2	财务专员	61	68	67	63	70	56	66	73	69	64	71	68
YCW3	财务专员	65	69	63	58	73	66	57	79	61	75	74	63
YCW4	财务专员	61	68	67	63	70	56	66	73	69	64	71	68
YCW5	财务专员	65	74	63	49	75	45	76	72	57	69	73	39
YCW6	财务专员	65	69	63	58	73	66	57	79	61	75	74	63
YYM1	研发经理	73	91	93	70	70	66	77	90	95	90	68	74
YSW1	生产专员	62	66	67	68	66	56	67	81	75	64	53	78
YSW2	生产专员	62	66	67	68	66	56	67	81	75	64	53	78
YSW3	生产专员	63	79	66	67	65	66	57	60	73	70	65	76
YSW4	生产专员	62	66	67	68	66	56	67	81	75	64	53	78
YSW5	生产专员	61	77	68	59	67	66	67	80	49	72	67	57
YSW6	生产专员	63	79	66	67	65	66	57	60	73	70	65	76
YSW7	生产专员	61	77	68	59	67	66	67	80	49	72	67	57
YSW8	生产专员	62	66	67	68	66	56	67	81	75	64	53	78

(续表)

姓名	职位	知识能力					表达沟通能力	管理能力	判断决策能力	团队协作能力	创新能力	综合分析能力	职业素养
		人事管理能力	生产能力	研发能力	销售能力	财务管理能力							
YSW9	生产专员	63	79	66	67	65	66	57	60	73	70	65	76
YSW10	生产专员	62	66	67	68	66	56	67	81	75	64	53	78
YSW11	生产专员	61	77	68	59	67	66	67	80	49	72	67	57
YSW12	生产专员	61	77	68	59	67	66	67	80	49	72	67	57
YSW13	生产专员	62	66	67	68	66	56	67	81	75	64	53	78
YSW14	生产专员	63	79	66	67	65	66	57	60	73	70	65	76
YSW15	生产专员	61	77	68	59	67	66	67	80	49	72	67	57
YSW16	生产专员	63	79	66	67	65	66	57	60	73	70	65	76
YSW17	生产专员	61	77	68	59	67	66	67	80	49	72	67	57
YSW18	生产专员	63	79	66	67	65	66	57	60	73	70	65	76
YSW19	生产专员	63	79	66	67	65	66	57	60	73	70	65	76
YSW20	生产专员	61	77	68	59	67	66	67	80	49	72	67	57
YCM1	财务经理	80	76	71	75	92	76	82	85	80	78	82	78
YYC1	研发主管	70	71	85	63	71	66	57	79	83	82	75	52
YYC2	研发主管	70	71	85	63	71	66	57	79	83	82	75	52
YYW1	研发专员	58	65	80	54	60	63	58	67	64	66	60	59
YYW2	研发专员	58	65	80	54	60	63	58	67	64	66	60	59
YYW3	研发专员	66	75	76	53	56	55	50	54	56	66	65	66
YYW4	研发专员	58	65	80	54	60	63	58	67	64	66	60	59
YYW5	研发专员	55	66	78	69	67	76	73	68	60	74	71	67
YYW6	研发专员	66	75	76	53	56	55	50	54	56	66	65	66

3. 岗位缺口分析

根据现有人员及岗位编制表分析公司的人员情况，确定岗位缺口人数，为招聘计划做准备。

4. 制订招聘计划

根据公司情况及市场环境进行分析，制订招聘计划。招聘计划主要是确定需招聘的员工数量。可在招聘计划表中查看计划招聘的人数。

5. 招聘费用预算

招聘费用预算是对员工招聘过程中所需的一系列工作的资金花费做出估计匡算，在预算时需要综合分析人才市场数据、人员招聘计划、人员晋升与调岗等相关数据。招聘费用预算时只对本月招聘甄选相关费用进行预估，员工薪酬等其他费用不包含在其中。

6. 招聘费用申请

根据招聘费用预算，申请当月招聘费用。当月招聘费用不足可以紧急申请。

7. 选择招聘人员

(1) 可在市场招聘渠道表中查看招聘渠道及相对应的人员供给情况，市场人员供给情况每月都会变化。

(2) 选择要招聘的渠道，在不同渠道中投入费用参与招聘，在招聘过程中选择人员时需要对相应人员进行定岗。可以选择多个招聘渠道进入招聘。

(3) 在不同市场中招聘只能招聘到各类专员与主管，经理级只能通过晋升渠道。

(4) 不同的招聘渠道投入的招聘费用有不同的价格标准，每个渠道可以重复进入，每月最多支付一次渠道费用，各渠道费用如表 8-7 所示。

表8-7 各渠道费用表

招聘渠道	最低费用/元
校园招聘	5000
现场招聘会	3000
网络招聘	1000
内部员工推荐	500
报纸广告	1000
猎头招聘	20 000

8. 人员甄选

通过不同招聘渠道招聘来的员工都需要进行甄选。选择不同的甄选方式需要不同的费用，没有经过人员甄选的应聘者将不能被录用，各甄选方式费用如表 8-8 所示。

表8-8　各甄选方式费用

甄选方式	费用/(元/人)
笔试费用	50
面试费用	150
心理测评	500
角色扮演	300
管理游戏	500
公文筐	300
无领导小组	500
投射技术	500

每种甄选方式能够反映出应试者 3~4 种不同的能力，每种能力占比不同，不同的甄选方式侧重点不同，各甄选方式的测评指标及能力占比如表 8-9 所示。

表8-9　各甄选方式的测评指标及能力占比

甄选方式	甄选能力	能力占比
笔试	知识能力	0.6
	综合分析能力	0.2
	职业素养	0.2
面试	表达沟通能力	0.5
	综合分析能力	0.3
	创新能力	0.2
心理测评	团队协作能力	0.3
	职业素养	0.3
	创新能力	0.2
	判断决策	0.2

(续表)

甄选方式	甄选能力	能力占比
角色扮演	知识能力	0.2
	管理能力	0.3
	综合分析能力	0.4
	职业素养	0.1
管理游戏	团队协作能力	0.3
	管理能力	0.3
	决策判断能力	0.4
公文筐	综合分析能力	0.4
	管理能力	0.3
	知识能力	0.3
无领导小组	管理能力	0.5
	综合分析能力	0.2
	表达沟通能力	0.3
投射技术	创新能力	0.5
	表达沟通能力	0.3
	职业素养	0.2

9. 录用上岗

(1) 根据招聘计划和企业人员配比情况，选择要录用的主管或专员。

(2) 所有应试者都可以定为专员，当应试者的综合能力等于或高于 60 时，可以定为主管。

(3) 最终录用人员依次比较每一个招聘渠道所支付的费用，费用高者，有优先录用的资格。如果花费相同，则比较提交时间，提交早的优先录用。

10. 人员晋升

(1) 晋升费用为 400 元/人，根据企业人员结构安排人员晋升，晋升后下级员工数不可以低于该岗位所管理人数的下限。

(2) 专员晋升到主管：该专员所有能力达到 60。

(3) 主管晋升到经理：该主管所有能力达到 65。

(4) 人员晋升当月不改变员工状态，次月员工职能等级变化。

11. 工作轮换

(1) 工作轮换费用为 200 元/人,根据企业人员结构安排人员,同时需要考虑转岗前后该岗位是否符合人员配比要求。

(2) 同级别之间才能进行岗位轮换。

(3) 岗位轮换要达到相应知识能力的最低标准才能进行。

岗位轮换最低知识能力标准如表 8-10 所示。

表8-10 岗位轮换最低知识能力标准

岗位	知识能力最低标准
经理	80
主管	65
专员	50

(4) 岗位轮换当月不改变员工状态,次月员工职位变化。

12. 支付薪酬

(1) 月末公司会依据公司薪酬水平发放当月所有员工的薪资。公司的薪资水平在一年内不做调整。

(2) 本月新入职的员工也同样根据公司的岗位薪酬表发放工资。

(3) 本月岗位发生晋升或轮换的员工本月薪酬不变,次月开始根据新岗位的薪酬水平发放工资。

13. 人员效益

人员的效益根据相应能力和权重计算,不同岗位级别的人员效益权重占比不同,具体如表 8-11 所示。

表8-11 不同岗位级别的人员效益权重占比

能力 职位	知识能力	表达沟通能力	管理能力	判断决策能力	团队协作能力	创新能力	综合分析能力	职业素养
经理	0.05	0.1	0.3	0.1	0.1	0.05	0.2	0.1
主管	0.1	0.1	0.2	0.15	0.15	0.1	0.1	0.1
专员	0.4	0.1	0.05	0.1	0.1	0.05	0.1	0.1

$$综合能力 = \sum(能力 \times 该能力占比)$$

其中：各部门员工的知识能力只考虑对应部门的单项能力，总经理的知识能力是五项知识能力的平均值。

$$人员效益 = 综合能力 \times 基础效益$$

14. 人员自然流失

每个月末都会出现人员的自然流失，综合能力高的人员优先流失，人员自然流失率如表8-12所示。

表8-12 人员自然流失率

岗位	自然流失率
经理	5%
主管	8%
员工	10%

15. 紧急操作

(1) 紧急申请。运营期间可进行紧急招聘经费的申请，但会产生一定的损失(紧急经费损失额=紧急招聘经费申请额×10%)，计入招聘经费中。

(2) 超额损失。当月结束，若剩余招聘费用超过本月招聘甄选实际花费总额的30%，则超过部分(当月剩余招聘费用−招聘甄选实际花费总额×30%)按照10%的比例产生经费损失，计入招聘经费中。

(3) 申请融资。当总资金与招聘资金都不足时，可以向教师端申请融资。

(4) 项目终止。当总资金与招聘资金都不足且融资不成功时，申请项目终止，结束运营。

16. 当月排名

每月按照总评分高低进行排名。

总评分 M = 利润÷招聘甄选费用×30% + 招聘完成率×50% + 预算准确率×20%

注：

$$利润 = 总效益 - 总支出$$
$$总支出 = 招聘甄选费用 + 薪资支出 + 经费申请损失$$

$$招聘甄选费用 = 招聘渠道费用 + 人员甄选费用 + 人员晋升费用 + 岗位轮换费用$$

$$招聘完成率 = 1 - \frac{当月入职人数 - 当月计划招聘人数}{当月计划招聘人数}$$

$$预算准确率 = 1 - \frac{招聘甄选费用 - 招聘预算费用}{招聘预算费用}$$

8.3 综合实训

当基于仿真模拟的招聘与甄选综合实训系统引入人力资源管理沙盘的设计思想,将学生分为 6~8 组,每组代表一个公司的招聘小组。每个公司初始状态相同,基于相同的经营背景,遵循相同的经营规则,自行开展招聘与甄选活动。系统根据事先设计的评价指标在每一次完整的招聘与甄选活动(以一个月为一次招聘周期)结束后对各公司的招聘与甄选活动成效进行综合评价并排名。下面以一个招聘周期为例,展开人员招聘与甄选的综合实训。

进入"招聘与甄选专业技能实训系统",单击"实战系统",如图 8-3 所示。

图8-3 招聘与甄选专业技能实训系统

进入"实战系统"后,单击"当月开始",招聘与甄选综合实训的第一周期正式开始,如图 8-4 所示。

图8-4 当月开始

8.3.1 岗位编制

岗位编制主要是指在组织结构框架内进行的岗位设置和人员配置，以适当的人员充实组织结构所规定的岗位，从而保证部门的正常运行。岗位编制最基本的依据是公司的发展战略。案例中，智能仪器仪表行业是当前仪器仪表产业转型升级、深化改革的重要方向，得到国家产业政策的支持与鼓励。公司将生产智能化仪器仪表作为发展战略的核心是大势所趋。公司发展战略进一步分解形成了公司的年度直至月度生产经营计划。公司招聘小组应当在把握行业大背景的基础上，以公司当月的工作计划(研发、生产、销售)(见表8-7)为依据，分析当前人才市场各类人才的供应量与人才能力组合(见表8-8)，同时考虑公司人员配比和管理幅度的设置原则，综合上述条件编制本月本公司各类岗位的岗位编制表，如图8-5所示。

人员类型	职位	员工薪酬	岗位编制
总经理	总经理	33200 人/月	岗位编制
人事	经理	8000 人/月	岗位编制
人事	主管	5600 人/月	岗位编制
人事	专员	4100 人/月	岗位编制
财务	经理	8200 人/月	岗位编制
财务	主管	6000 人/月	岗位编制
财务	专员	4200 人/月	岗位编制
销售	经理	8400 人/月	岗位编制
销售	主管	6100 人/月	岗位编制
销售	专员	4300 人/月	岗位编制
生产	经理	7700 人/月	岗位编制
生产	主管	5600 人/月	岗位编制
生产	专员	4000 人/月	岗位编制
研发	经理	9100 人/月	岗位编制
研发	主管	6600 人/月	岗位编制
研发	专员	4700 人/月	岗位编制

图8-5 岗位编制

8.3.2 岗位缺口分析

岗位编制完成后，自动进入"岗位缺口分析"。岗位缺口是特定岗位编制数量与公司该岗位现有人力资源配置数量之间的差额。岗位缺口仅反映公司当下特定岗位的人力资源需求状况。招聘主管根据已经完成的公司各岗位编制表，结合公司各岗位现有的人力资源配置情况，确定公司各岗位缺口人数，为招聘计划做准备，如图 8-6 所示。

人员类型	职位	员工薪酬	岗位编制	实际人数	岗位缺口
总经理	总经理	33200/人·月	1	1	0
人事	经理	8000/人·月	1	1	0
人事	主管	5800/人·月	3	2	1
人事	专员	4100/人·月	18	6	12
财务	经理	8200/人·月	1	1	0
财务	主管	6000/人·月	2	2	0
财务	专员	4200/人·月	10	6	4
销售	经理	8400/人·月	1	1	0
销售	主管	6100/人·月	4	2	2
销售	专员	4300/人·月	24	10	14
生产	经理	7700/人·月	1	1	0
生产	主管	5600/人·月	3	4	-1
生产	专员	4000/人·月	30	20	10
研发	经理	9100/人·月	1	1	0
研发	主管	6600/人·月	8	2	6
研发	专员	4700/人·月	30	6	24

图8-6　岗位缺口分析

8.3.3　制订招聘计划

"岗位缺口分析"确定后进入"制订招聘计划"环节。

招聘计划一般是指招聘部门根据公司现有及未来人力资源的需求状况，明确一定时期内公司需招聘的岗位、人员数量、任职资格要求等因素，制定招聘活动的总方案。而本实训中招聘计划仅指确定各岗位需招聘员工的数量。实训中，招聘计划的制订一方面以公司岗位编制与岗位缺口分析为基础，另一方面还要考虑公司可持续发展，因此，招聘计划的制订应该具有前瞻性。

在制订招聘计划时，招聘小组首先要查看本公司工作计划表、员工能力表，如图 8-7 所示。

图8-7　查看工作计划表与员工能力表

工作计划表中明确了当月本公司研发、生产与销售的计划量，也就是当月本公司研发、生产与销售各自的任务总量。员工能力表中明确了当前市场上各类人员的初始能力，可简化理解为各类人员的工作效率。各岗位人员的招聘数量可参照效率定员法的原则做估算。制订招聘计划如图8-8所示。

人员类型	职位	员工薪酬	岗位缺口	招聘人数
总经理	总经理	33200/人·月	0	0
人事	经理	8000/人·月	0	0
人事	主管	5800/人·月	1	1
人事	专员	4100/人·月	12	12
财务	经理	8200/人·月	0	0
财务	主管	6000/人·月	0	0
财务	专员	4200/人·月	4	4
销售	经理	8400/人·月	0	0
销售	主管	6100/人·月	2	2
销售	专员	4300/人·月	14	14
生产	经理	7700/人·月	0	0
生产	主管	5600/人·月	-1	0
生产	专员	4000/人·月	10	10
研发	经理	9100/人·月	0	0
研发	主管	6600/人·月	6	6
研发	专员	4700/人·月	24	24

图8-8　制订招聘计划

8.3.4　招聘费用预算及申请

"制定招聘费用预算"是指招聘单位在招聘过程中对于未来的一定时期内产生的招聘支出(成本)的计划。招聘费用即招聘过程中发生的所有费用，主要包括招募费用(广告费、各招聘渠道费等)、甄选费用(人员选拔测试方案及工具费用、选拔工作人员的劳务费等)、招聘录用费用(通知录取结果的经费、分析招聘结果的经费、签订劳动合同的经费、企业内部岗位轮换、晋升等产生的费用)。招聘费用产生的效益是评价招聘是否有效的重要指标。

"招聘计划"结束后，进入"招聘费用预算"与"招聘费用申请"。

本综合实训中，招聘费用包括招聘渠道费用、人员甄选费用、人员晋升费用、岗位轮换费用。各招聘小组要仔细研究既定的招聘计划，综合考量各种招聘渠道、各类人员甄选方式的费用，同时对内部人员晋升与轮换进行合理预估。在上述工作的基础上做出尽可能合理的招聘费用预算，如图8-9所示。

图8-9　招聘费用预算

招聘费用预算完成后，在系统中完成招聘费用申请，如图8-10所示。

图8-10　招聘费用申请

8.3.5　选择招聘人员

招聘费用预算及申请完成后，进入"选择招聘人员"环节，如图8-11所示。

图8-11　选择招聘人员

选择招聘人员实质上就是人员招募。人员招募是指组织为了吸引足够数量的具备相应能力和态度、能满足岗位需要、有助于实现组织目标的员工而开展的一系列活动。人员招募的重点是招聘渠道的选择，招聘渠道一般可分为内部渠道和外部渠道两大类，而内部招聘渠道和外部招聘渠道各自又有许多不同的细分渠道。

本综合实训中，选择人员招聘环节主要是针对外部招聘渠道而言。系统设置了报纸广告、猎头公司、内部员工推荐、现场招聘、网络招聘、校园招聘六种招聘渠道，每一渠道都提供了众多面向所有公司选择的求职者，每位求职者的能力及每一招聘渠道的费用均在系统中有显示。各招聘小组首先选择招聘渠道，支付相应招聘渠道的费用，如图 8-12 所示。

图8-12　选择招聘渠道

在综合考量求职者能力的基础上依据之前制订的招聘计划，为本公司各岗位选择出一定量的候选人，如图 8-13 所示。

图8-13　确定候选人

实训中，在选择招聘渠道时需注意以下事项。

(1) 可在市场招聘渠道表中查看招聘渠道及相对应的人员供给情况，市场人员供给情况每月都会变化。

(2) 选择要招聘的渠道，在不同渠道中投入费用参与招聘，在招聘过程中选择人员时需要对相应人员进行定岗。可以选择多个招聘渠道进入招聘。

(3) 在不同市场中招聘只能招聘到各类专员与主管，经理级只能通过晋升渠道。

(4) 不同的招聘渠道投入的招聘费用有不同的价格标准，每个渠道可以重复进入，每月最多支付一次渠道费用。

8.3.6　人员甄选

人员招募结束后进入"人员甄选"环节，如图 8-14 所示。

图8-14 选择人员甄选方式

人员甄选是依据特定岗位的需要，运用一定的测评方法对候选人的任职资格(知识、技能、个性特点、行为特征和个人价值观等)进行测量与评估的过程。人员甄选是招聘的重要环节，人员甄选的结果是人员录用的重要依据，人员甄选的质量直接影响整个招聘活动的有效性。现代企业人员甄选常用的测评方法主要有笔试、面试、心理测验、评价中心(包括结构化面试、角色扮演、无领导小组讨论、公文筐测验、模拟面谈等多种形式)等。每种测评方法各有所长，也各有一定的局限性。在进行人员甄选时应该综合分析各类测评方法的利弊，从实用性、适用性及经济性出发，选择恰当的测评方法，进而为人员录用提供科学可靠的依据。

本实训中，系统设置了笔试、面试、心理测评、角色扮演、管理游戏、公文筐、无领导小组讨论、投射技术八种测评方法，并规定了每种测评所需要的费用，如图8-15所示。

甄选方式	费用	甄选人员
笔试	50	+添加
面试	150	+添加
心理测评	500	+添加
角色扮演	300	+添加
管理游戏	500	+添加
公文筐	300	+添加
无领导小组讨论	500	+添加
投射技术	500	+添加

图8-15 人员甄选的方式

第8章 招聘与甄选综合实训

(一) 测评方法选择

每种测评方法能够反映出候选人 3~4 种不同的能力,各招聘小组要能掌握各类测评方法的测评原理,仔细分析各类测评方法对候选人能力测评的优势与不足,估算不同测评方法的使用成本。在此基础上,针对本公司现有候选人选择适当的测评方法。

如果招聘小组确定通过笔试来对特定的岗位能力进行测评,则单击"笔试"测评方式,进入界面,选择需要测评的人员,如图 8-16 所示。

其他测评方法的选择同"笔试"的选择,不再赘述。

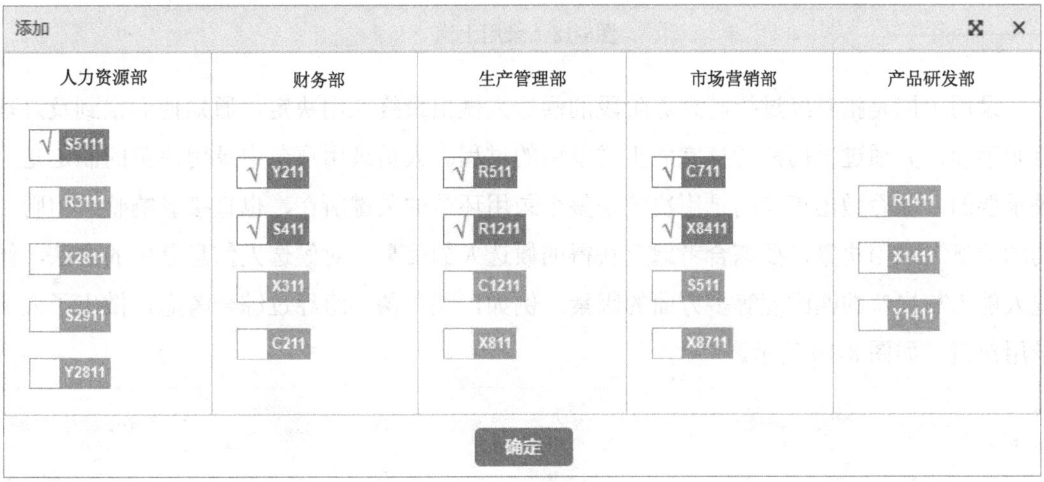

图8-16 笔试测试

(二) 测评实施

系统针对招聘小组选择的甄选方式自动实施人员测评并给出相应的结果。例如,招聘小组选择了笔试、面试、心理测评三种测评方法,则系统自行进行测评并分别给出各被测人员三种测评方法的测评结果,如图 8-17 所示。

待录用人员	定岗	笔试	面试	心理测评	角色扮演	管理游戏	公文筐	无领导小组	投射技术	专员|主管	录用上岗
R511	生产	82	0	0	0	0	0	0	0	专员	否
C711	营销	69	0	0	0	0	0	0	0	专员	否
Y211	财务	69	0	0	0	0	0	0	0	专员	否

图8-17 人员测评结果

8.3.7 录用上岗

人员甄选结束后,即进入"录用上岗"环节,如图 8-18 所示。

图8-18 录用上岗

录用上岗是指对经过招聘甄选阶段的候选人做出最终录用决定，通知他们报到及办理就职手续，并通过试用期考核完成正式录用的过程。人员录用环节中录用决策的制定是至关重要的，能否做出正确的录用决策是整个录用环节的关键所在，也直接影响整个招聘活动的质量。录用决策需要综合考虑已获得的候选人的信息、对候选人信息分析的方法、候选人能力与岗位的匹配度等多方面的因素。例如，某招聘小组经过综合考虑，做出了人员录用决策，如图 8-19 所示。

待录用人员	定岗	笔试	面试	心理测验	角色扮演	管理游戏	公文筐	无领导小组讨论	投射技术	专员|主管	录用上岗
X311	人事	76	0	0	0	0	0	0	0	专员	是
S511	财务	69.4	0	0	0	0	0	0	0	专员	是
S411	财务	68	0	0	0	0	0	0	0	专员	否
Y211	人事	58.2	0	0	0	0	0	0	0	专员	是

图8-19 录用决策

根据招聘小组做出的录用决策，系统还会根据事先设置的标准判断招聘小组做出的录用决策是否合理，从而保证录用决策的实际有效性，如图 8-20 所示。招聘小组根据系统给出的结论调整决策。

图8-20 系统对人员录用决策的评估

实训中，人员录用环节需注意以下内容。

(1) 根据招聘计划和企业人员配比情况，选择要录用的主管或专员。

(2) 所有应试者都可以定为专员，当应试者的综合能力等于或高于 60 时，可以定为主管。

(3) 最终录用人员依次比较每一个招聘渠道所支付的费用，费用高者，有优先录用的资格。若花费相同，则比较提交时间，提交早的优先录用。

8.3.8 人员晋升

录用上岗后进入"晋升"环节，如图 8-21 所示。

人员晋升是指员工由较低层级职位上升到较高层级职位的过程。人员晋升制度是为了提升员工个人素质和能力，充分调动全体员工的主动性和积极性，并在公司内部营造公平、公正、公开的竞争机制。

图8-21　人员晋升

本实训中，招聘小组根据本公司发展的需求，综合考虑录用人员的综合能力，并结合员工的薪酬水平及其能为公司创造的效益来决定是否将该员工晋升到更高一级职位，如图 8-22 所示。

员工编号	员工姓名	原岗位	可晋升岗位	是否晋升
59	YCC2	财务主管	财务经理	是
24	YXW9	销售专员	销售主管	否
18	YXW3	销售专员	销售主管	是
58	YCC1	财务主管	财务经理	否
22	YXW7	销售专员	销售主管	否

图8-22　人员晋升结果

实训中，人员晋升环节需注意以下内容。

(1) 晋升费用为 400 元/人，根据企业人员结构安排人员晋升，晋升后下级员工数不可以低于该岗位所管理人数的下限。

(2) 专员晋升到主管，该专员所有能力达到 60。

(3) 主管晋升到经理，该主管所有能力达到 65。

(4) 人员晋升当月不改变员工状态，次月员工职能等级变化。

8.3.9 工作轮换

"晋升"后进入"工作轮换"环节，如图 8-23 所示。

工作轮换是指公司从组织内部工作岗位设计及业务发展的需要出发，依据员工的能力状况，让员工关联工作岗位轮换担任若干种不同工作的做法。工作轮换经常被视为一种人才培养方式，也是企业内部人员调配的常见手段。

图8-23 工作轮换

在实训时，招聘小组根据公司生产经营与管理的需要，以及不同工作岗位员工的能力决定是否进行工作岗位轮换，如图 8-24 所示。

员工编号	姓名	原岗位	轮换的岗位
3	YSC1	人事管理能力:72　生产能力:85 表达沟通能力:80　销售能力:75 财务管理能力:65　研发能力:70 判断决策能力:72　管理能力:70 团队协作能力:82　创新能力:50 综合分析能力:62	请选择 请选择 人事主管 财务主管 销售主管 研发主管
4	YSC2		
5	YSC3		
6	YSC4	生产主管	请选择
7	YXM1	销售经理	请选择

图8-24 工作岗位轮换决策

实训时，系统也会根据事先设定的标准评估招聘小组所做出的工作轮换决策并给出结论，如图 8-25 所示。招聘小组根据系统给出的结论调整决策。

图8-25　系统对工作轮换决策的评估

实训中，工作轮换需注意以下内容。

(1) 工作轮换费用为 200 元/人，根据企业人员结构安排人员，同时需要考虑转岗前后该岗位是否符合人员配比要求。

(2) 同级别之间才能进行工作轮换。

(3) 工作轮换要达到相应知识能力的最低标准才能进行。工作轮换最低知识能力标准如表 8-10 所示。

(4) 工作轮换当月不改变员工状态，次月员工职位变化。

8.3.10　支付薪酬

当人员招聘与甄选的全部职能活动结束后，系统进入"支付薪酬"环节，如图 8-26 所示。

图8-26　支付薪酬

薪酬是人力成本的重要组成部分，不进行一定的人力成本的投入，企业难以获得理想的利润，而人力成本过高，又没有产生应有的效益，则企业利润同样缺乏保障。人员招聘与甄选是组织获得人力资源的重要途径，同时，人员招聘与甄选的质量与有效性也有利于组织人力成本的合理控制。

本实训中，系统参照事先设置的各类人员薪酬水平，列出各类人员的薪酬清单，如图8-27所示。各公司支付全部人员(包括各公司现有人员及当月新引进人员)的薪酬。

编号	姓名	职位名称	工资
1	YS	总经理	33200
8	YRM1	人事经理	8000
2	YSM1	生产经理	7700
9	YCM1	财务经理	8200
60	YYM1	研发经理	9100
7	YXM1	销售经理	8400
5	YSC3	生产主管	5600
29	YRC2	人事主管	5800
26	YYC1	研发主管	6600
36	YXC1	销售主管	6100
总费用			355300

图8-27　薪酬清单

实训中，薪酬支付需注意以下内容。

(1) 月末公司会依据公司薪酬水平发放当月所有员工的薪资。公司的薪资水平在一年内不做调整。

(2) 本月新入职的员工也同样根据公司的岗位薪酬表发放工资。

(3) 本月岗位发生晋升或轮换的员工本月薪酬不变，次月开始根据新岗位的薪酬水平发放工资。

8.3.11　人员流失

根据系统事先设置的人员自然流失率，结合公司人员的综合能力，每个月末各公司可能会有不同程度的人员自然流失，如图8-28所示。人员的自然流失程度影响公司的整体人力资源结构，进而直接影响公司新一轮的招聘工作。

编号	姓名	职位名称	效益
36	YXC1	销售主管	8985.3
66	YYW6	研发专员	6838.5
65	YYW5	研发专员	6838.5
62	YYW2	研发专员	6838.5
68	X311	人事专员	6104.9
46	YSW9	生产专员	5756

图8-28 人员自然流失

8.3.12 当月排名

本实训系统借鉴了人力资源管理沙盘模拟的教学理念，在一个招聘周期结束后，对各小组的招聘成效进行综合排名，如图8-29所示。

每月按照总评分高低进行排名。

图8-29 当月排名

排名越靠前，表示该公司的招聘工作越有效。这样的设计一方面助于考察各个招聘小组对人员招聘与甄选全过程重点与难点的理解与把握，另一方面也增加了综合实训的趣味性，进而有利于提高学生的参与感。

8.3.13 下月开始

经过上述12个步骤后，一个完整的招聘周期结束，单击下一月，即开始新的招聘周期，如图8-30所示。

姓名	利润	总评分	排名
n3	124498	1.16	1
n2	121712	1.08	2

下一月

图8-30 下月开始

新的招聘周期所有操作步骤与原理同第一周期，教师可根据实际教学需要决定进行的招聘周期的数量。

在综合实训中，各公司招聘小组在开展人员招聘活动与甄选活动中，可能会因为经营决策失误或对招聘成本的估计不准确等出现招聘活动不能正常进行的情况，此时需要做特殊处理的申请，如图 8-31 所示。

图8-31 特殊处理申请

参考文献

[1] 彭莹莹,张玲玲,刘霞. 人力资源管理实训教程之人力资源管理服务篇[M]. 北京：电子工业出版社，2017.

[2] 赵君,刘容志. 人力资源管理实训教程[M]. 湖北：武汉大学出版社，2016.

[3] 蒋定福. 人力资源管理沙盘模拟实训教程[M]. 北京：首都经济贸易大学出版社，2014.

[4] 王挺,寇建涛. 员工招聘[M]. 北京：北京大学出版社，2012.

[5] 张霞. 人力资源管理专业实践教学体系改革与实践[J]. 石河子科技，2017(8)：39-41.

[6] 张雪荣.《招聘与录用》课程教学改革研究[J]. 合作经济与科技，2012(10)：117-118.

[7] 赵忠君,李佳欣. 游戏化学习在招聘与录用课程中的应用[J]. 宁波大学学报(教育科学版)，2017(9)：67-71.

[8] 赵曙明. 招聘甄选与录用——理论、方法、工具、实务[M]. 北京：人民邮电出版社，2014.

[9] 董萍,闫娜. 人力资源管理教程[M]. 北京：中国工信出版集团，2016.

[10] 鲍立刚. 人力资源管理综合实训演练[M]. 大连：东北财经大学出版社，2017.

[11] 边文霞. 招聘管理与人才选拔：实务、案例、游戏[M]. 北京：首都经济贸易大学出版社，2017.

[12] 梁栩凌,尹洁林. 人力资源管理[M]. 北京：机械工业出版社，2015.

[13] 张小兵,孔凡柱. 人力资源管理[M]. 北京：机械工业出版社，2013.

[14] 葛玉辉. 招聘与录用管理[M]. 北京：清华大学出版社，2014.

[15] 王丽娟. 招聘与录用[M]. 北京：中国人民大学出版社，2012.

[16] 王楠. 人员招聘面试测评与录用实务手册[M]. 北京：化学工业出版社，2018.

[17] 姚裕群. 员工招聘与配置[M]. 北京：清华大学出版社，2016.

[18] 孙宗虎，刘娜. 招聘、面试与录用管理实务手册[M]. 北京：人民邮电出版社，2017.

[19] 韩燕，李淑贞. 招聘甄选与录用——理论、方法、工具、实务[M]. 北京：人民邮电出版社，2014.

[20] 宋荣，谷向东，宇长春. 人才测评技术[M]. 北京：中国发展出版社，2012.

[21] 郭朝晖. 人才素质测评技术[M]. 北京：北京大学出版社，2018.

[22] 孔凡柱，赵莉. 员工招聘与录用[M]. 北京：机械工业出版社，2018.

[23] 黛安娜·阿瑟. 员工招聘与录用——招募、面试、甄选、岗前引导实务[M]. 卢瑾等，译. 北京：中国人民大学出版社，2015.

[24] 李旭旦. 员工招聘与甄选[M]. 上海：华东理工大学出版社，2009.

[25] 田辉. 招聘管理实务[M]. 上海：复旦大学出版社，2013.

[26] 姚裕群. 招聘与配置[M]. 大连：东北财经大学出版社，2010.

[27] 边文霞. 员工招聘实务[M]. 北京：机械工业出版社，2012.

附件

背景资料

一、企业介绍与人员现状

多米诺游戏公司成立于2000年,坐落于S市花园区世明大道1029号,是一家以提供质量可靠的产品和完善服务为目标的高新技术企业,目前公司主要从事计算机软件开发、网络游戏软件开发、互联网游戏平台及网站的运营和维护,曾开发并运营过多款时尚游戏产品,在游戏市场上享有一定的品牌美誉度。公司拥有完整的网站运营资质,包括文化部核发的"网络文化经营许可证""增值电信业务经营许可证"等。

多米诺游戏公司自成立开始就非常关注为员工提供舒适的工作环境和优渥的企业福利。①薪酬体系:提供富有竞争力的薪酬体系并每年对员工进行年度薪酬调整。②社会保险:公司缴纳五险,员工工作满一年应员工要求可以交公积金。③晋升机制:公司设立良好的晋升机制并提供内部招聘、职位轮换机会。④成长与职业发展:人力资源部为所有岗位建立了成长模式和职业发展通道,并以顾问形式为员工提供成长建议。⑤节日与生日:公司在传统佳节派发节日礼品以增添节日气氛;员工过生日,公司送上生日礼物以表祝福。

目前多米诺游戏公司在总部S市共设6个部门,分别为总经办、游戏研发部、人力资源部、生产支持部、市场营销部和财务后勤部。工作人员共计167人,其中80%左右为男性员工。员工平均年龄为30岁,其中"35岁以下员工"约占89.1%,为企业人员的主要组成部分，年龄构成比较年轻化。学历方面，企业大专以上学历员工人数为 100 人，本科以上学历员工人数 65 人，硕士以上学历员工人数仅为 20 人，企业员工的整体学历不高。截至 2013 年 12 月，公司的人员构成如图附-1 所示。

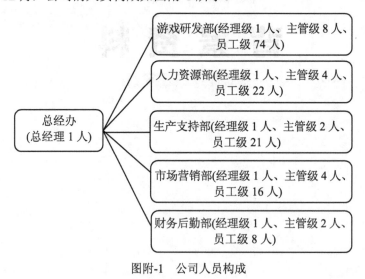

图附-1　公司人员构成

2013 年人员共流失了 22 人左右，根据近 5 年内本公司的人员流失情况，大致可以估算出游戏研发部和财务后勤部员工流失率各在 18%左右，人力资源部员工流失率在 10%左右，生产支持部和市场营销部的员工流失率各在 15%左右。各部门主管的流失率基本比员工级的流失率低 5%(人员计算四舍五入)。

二、新年新规划

随着手机游戏和网页游戏越来越多地占据年轻一代的休闲时间，近两年来，市场上不断涌现出新的游戏开发公司，多米诺游戏公司整体学历过低的劣势渐渐显露出来。2014年年初，经过高层会议的反复讨论，企业决定着重改善游戏研发部的人员结构，对游戏研发部中学历低于大专且没有明显成就的 9 名员工进行转岗或辞退安排，同时提高对研发人员招聘的要求。

由于 2013 年人员变动较大，年末实际员工数量和企业基本人员编制还有较大差距，企业基本编制是人力资源经理根据企业内员工工作能力和管理人员的恰当管理幅度编制的，在 2014 年中，企业人员规划还是以该编制为主要方向，具体编制情况如图附-2 所示。其中游戏研发部专员有 1 人晋升，生产支持部专员有 2 人晋升。

附件 背景资料

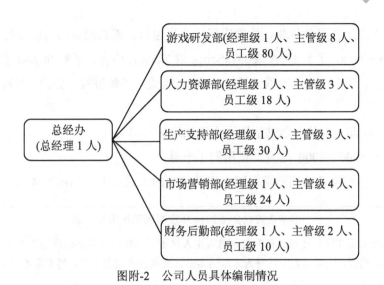

图附-2 公司人员具体编制情况

在会议中，人力资源经理将今年招聘的费用大纲递交给上级领导审核，并进行修改，如图附-3 所示。

费用项目	单项费用预估/元	费用项目	单项费用预估/元
S 市人才市场摊位租赁	700/天(50 天左右)	校园宣讲会易拉宝海报	108/张(10 张左右)
招聘网站 A	3800/年	企业制度和员工手册	65/本
招聘网站 B	3560/年	招聘用办公用品购买	700/人
招聘网站 C	3000/年	招聘小组补贴	1000/人
微信推送平台维护	200/月(从 3 月开始)	广告海报	50/张(100 张左右)
试用期工资	2500/人	培训讲师费	350/场
		其他培训设施费用	2000/年

图附-3 招聘费用大纲

三、招聘实施

为了全面提高企业的整体水平，经过开会讨论，游戏研发部希望招聘小组以以下要求为基准，为企业招聘到优秀的人才。

游戏开发程序员：

☐ 本科及以上学历要求，以软件工程专业为主；

□有 1 年以上工作经验优先，优秀应届毕业生也可，愿意投身游戏研发行业；

□熟悉 C++/Java，了解 LUA 或 JavaScript 或 Node.js 语言，了解 Skynet 引擎；具备面向对象编程思想，了解 Actor 模型，了解 Reactor 模式；了解进程、协程、线程等概念，熟悉 Linux 环境；

□8 小时工作制，双休，能够适应不定期加班；

□基本工资 5000～8000 元/月，试用期 1 个月。

人力资源部将根据各部门要求，制定招聘实施的大致方案，如图附-4 所示。

多米诺游戏公司 2014 年度招聘工作实施方案

为加快推进公司人才队伍建设，拓宽公司选人用人渠道，加快引进急需的高层次人才和业务骨干，优化公司人力资源配置，为公司聚集优秀人才，切实做好此次公开招聘工作，特制定本方案。

一、工作目标和原则

通过公开招聘，为公司选拔优秀的业务骨干和急需人才，推进公司建立起能上能下、能进能出、有效激励、严格监督、竞争择优、充满活力的选人用人机制。在公开招聘工作中，要坚持以下原则。

（一）德才兼备原则。公开招聘要坚持德才兼备的选人标准，在考察应聘者知识素养、业务水平、能力才干的同时，也要注重考察应聘者的道德修养、思想品质和工作作风。

（二）公平公正原则。严格执行公开招聘工作纪律，确保信息发布及时、公开，在招聘环境、招聘程序、招聘标准等方面，为应聘者提供透明、平等、公正的竞争机会。

（三）竞争择优原则。依据招聘岗位对应聘者在能力素质、性格特质、团队精神等方面的要求，通过笔试、面试等竞争方式，选拔出适合岗位要求的优秀人才。

二、拟招聘岗位

游戏研发主管、游戏开发程序员、市场营销专员、财务专员等。

三、招聘渠道或途径参考(限于但不仅限于)

1. 公司现有网络招聘渠道：招聘网站 A、招聘网站 B、招聘网站 C；其他可以使用的免费网络招聘平台。

2. 公司内部员工推荐：在公司任职的员工通过同学、同事、亲戚、朋友等关系向公司引荐合适的人选。

3. 现场招聘会：通过网络或中介收集本地区大型专业型人才现场招聘会时间计划节点，选择有可能有适合我们公司需要类型的人才去参加，现场挖掘。

4. 校园招聘：多与我公司的合作学校单位进行联系沟通，通过学校老师向我公司推荐优秀的毕业生资源。本渠道多适用于人才储备及基层人员的招聘。

5. 公司人才简历库：简历库中一定有一些符合我们要求的简历和人选，至于当初为什么没有与我公司达成合作我们不再追究，现将这些简历筛选出来，重新建立联系，发出邀请，如果此人非常适合，但是已在其他单位就职，可通过特殊的方式挖过来。

6. 微信、百度推广等新型招聘方式。

四、招聘专项小组

人力资源部：主管赵焕，组员刘笙、朱小曼、陈佳佳、石飞。

图附-4　制定招聘实施的大致方案

四、招聘小结

按照公司年度既定计划部署，招聘工作有序开展，赵焕带领招聘小组成员，在 2014 年 12 月中旬，对 2014 年企业招聘总体情况进行总结。总结报告如图附-5 所示。

2014 年度招聘情况总结报告

一、招聘工作总体情况

2014 年，人力资源部组织参加 S 市人才招聘会招聘 52 次，共计 66 天；参加校园宣讲会 9 场；选择了 A、B、C 三个招聘网络发布十余个岗位的招聘信息 50 余次。从各个招聘渠道中收集各类应聘简历信息 200 余条，接到咨询电话 70 余通，组织集团面试 11 场，共面试 149 人，其中本科以上人员占 81.2%，录用 72 名，实报到 53 人，有 49 人通过试用期，成为多米诺的正式员工。到 2014 年年末为止，共有 6 名新入职员工离职。2014 年中企业裁撤冗员 9 人，因个人原因离职 25 人，招聘小组根据人员变动及时安排新的招聘计划，基本完成了 2014 年度的招聘需求计划，满足了各单位对管理人员的需求。

2014 年多米诺招聘不完全统计大致如下：

招聘渠道	主动询问人数	投递简历数	通知面试人数	通过面试人数
校园招聘	88	43	40	20
现场招聘会	104	74	54	27
网络招聘	80	42	35	14
其他渠道	112	55	20	11

在一线人员招聘方面，人力资源部积极协助、配合各单位招聘一线操作人员，基本满足各单位对一线操作人员的需求。

为规范招聘工作流程，做好与各单位的衔接，人力资源部 5 月份着手对《招聘管理制度》进行修订，目前修订版本已基本定稿，进入试运行和征求意见阶段，后续将组织相关人员进行学习并贯彻执行。

二、招聘费用统计

本年度招聘共花费 204 674 元，其中，校园招聘共计花费 1050 元，人才招聘市场招聘共计花费 38 445 元，网络招聘共计花费 10 274 元，微信等其他渠道共计花费 2780 元，面试接待和新员工入职培训等费用共计花费 152 125 元，预算准确率约为 88%。

图附-5 总结报告